Hervé This

La casserole des enfants

Dessins de Michel Backès

BELIN

Du même auteur

Les secrets de la casserole, Belin, 1993.

Révélations gastronomiques, Belin, 1995.

Rubriques *Science et gastronomie*
de la revue mensuelle *Pour la Science.*

Crédits photographiques: Sidney Moulds/Science photo Library: p. 34; Dr. Jeremy Burgess/Science photo Library: p. 60; Madeleine Djabourov, Pierre Favard, Nina Favard, Jean-Pierre Lechaire; H. This: pp. 36, 62, 69, 79, 85.

ISBN 2-7011-**2309**-7

Table des matières

Introduction

Martin et Stéphanie se préparent à des explorations culinaires

Bonjour Gildas ! D'habitude, je n'aime pas beaucoup écrire, mais, cette fois, je ne peux pas m'en empêcher, pour te raconter comment nous nous sommes amusés, ces derniers temps, avec ma sœur Stéphanie : pour son travail, Papa a dû s'absenter tous les mercredis soir, et Maman l'accompagnait ; nous restions seuls à la maison. Tous les mercredis soir pendant presque deux mois, tu te rends compte ! Avec Stéphanie, nous nous sommes bien débrouillés, et nous avons appris à cuisiner en faisant des expériences amusantes de chimie et de physique.

Bien sûr, nous avons fait quelques bêtises, mais nous nous sommes toujours arrêtés avant l'accident. Si je te raconte nos gaffes, j'espère que ça t'évitera de les faire.

Tu verras, nous sommes devenus savants sans nous en rendre compte, un peu parce que nous avons réfléchi, et un peu grâce à oncle Michel, qui nous a expliqué ce que nous ne comprenions pas. Il y a longtemps, par exemple, Michel m'avait raconté que tous les objets – les arbres, les jouets, les maisons et même les gens – sont composés de trucs très petits que l'on nomme des molécules. Je ne sais pas pourquoi, mais à l'époque, j'avais du mal à comprendre. Qu'est-ce que cela veut dire, qu'une bille, par exemple, soit composée de molécules ? Michel m'avait bien conseillé d'imaginer que les molécules étaient comme des boules de billard, mais je comprenais mal comment ces boules de billard pouvaient faire une bille ou des patins à roulettes. La meilleure explication, c'était quand il a posé sur une table un bol plein de glaçons, une bouteille d'eau et une casserole pleine d'eau.

Les molécules

« C'est facile, pour quelqu'un d'aussi malin que toi, m'a-t-il dit : les molécules sont des objets si petits que même un microscope ne permet pas de les voir. D'ailleurs, plutôt que de chercher à les voir, il vaut mieux les imaginer. Dans ce verre d'eau, par exemple, il y en a dix millions de milliards de milliards : c'est un nombre si grand que ça ne te dit plus rien, ni à moi. Imagine seulement qu'il y en a tellement que tu ne peux pas les compter ; et, puisqu'elles sont si nombreuses, tu comprends qu'elles soient très petites.

– Et ces petites molécules, qu'est-ce qu'elles font ?

– Bonne question ! Elles bougent tout le temps. Imagine que ce sont de minuscules boules de billard qui roulent sans jamais s'arrêter, en se heurtant sans cesse. La chose importante à savoir, c'est que plus un corps est chaud, plus ses molécules bougent rapidement.

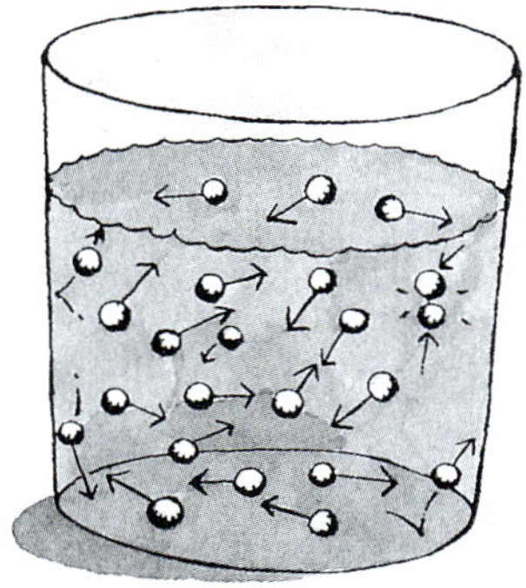

– Alors dans le verre d'eau, il y a plein de molécules qui font les autos tamponneuses ?

– Plutôt les boules de billard, parce que les autos tamponneuses peuvent s'arrêter, alors que les molécules conservent toujours leur vitesse.

– Et vont-elles toutes à la même vitesse ?

– Bravo ! Non, elles ne vont pas toutes à la même vitesse : il y en a de rapides et il y en a de lentes, mais si l'eau est chaude, les lentes ne sont pas très lentes, et les rapides sont très rapides ; et si l'eau est froide, les lentes sont bien lentes, et les rapides ne sont pas très rapides. Du coup, tu as compris que chauffer un objet, c'est augmenter la vitesse des molécules qui le composent. Le glaçon que tu vois ici est froid...

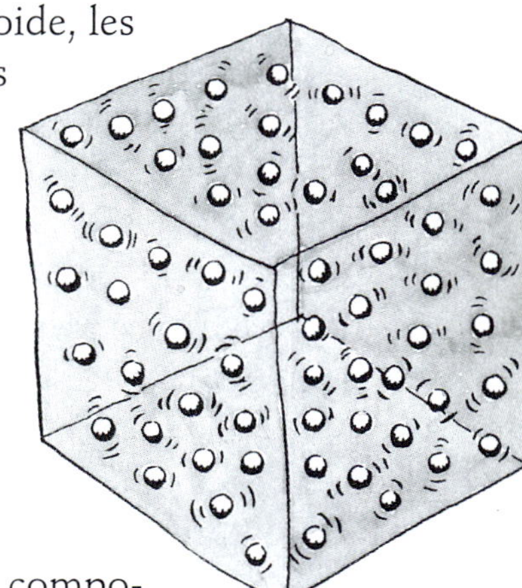

– J'ai compris : il est composé de molécules qui bougent lentement parce que la glace est froide.

– Parfaitement : les molécules qui composent le glaçon sont des molécules d'eau, qui ne bougent presque pas ; elles restent sur place, en vibrant.

Vibrer, c'est une façon de bouger un peu, n'est-ce pas ? Et la glace est solide parce que ses molécules ne se déplacent pas.
– Et si on chauffe la glace, on forme de l'eau, parce que les molécules, qui bougent de plus en plus, finissent par se déplacer au lieu de vibrer ?
– Oui. Quand tu chauffes, les molécules ont de plus en plus d'énergie : vient un moment, la température de zéro degré, où l'énergie d'agitation est supérieure à l'énergie d'adhérence des molécules. Tu peux alors verser l'eau d'une bouteille dans un verre : les molécules s'écoulent dans le verre. »

C'était amusant, d'imaginer que l'eau que nous versions dans le verre était comme un tas de petites billes invisibles qui roulaient les unes contre les autres. Michel a continué : « Si tu chauffes l'eau liquide, ses molécules accélèrent encore et, quand le thermomètre mesure une température de 100 degrés, les molécules vont si vite qu'elles s'échappent dans l'air. Regarde cette casserole que je mets sur le gaz. La flamme avec laquelle je la chauffe donne de la vitesse aux molécules de la casserole, qui cognent les molécules d'eau et les accélèrent. Bientôt, une fumée s'échappe : cette fumée, c'est aussi ce que l'on nomme un gaz et, dans le cas de l'eau, c'est de la vapeur d'eau. Elle est formée de molécules d'eau qui sont si rapides qu'elles peuvent partir dans l'air. Avec ça, m'a dit Michel, tu peux comprendre le monde. »

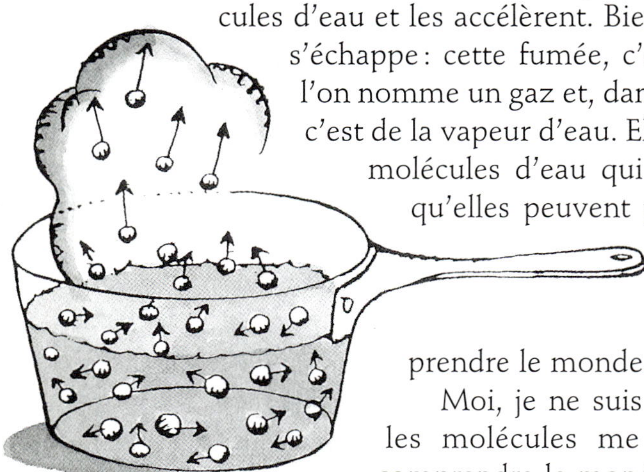

Moi, je ne suis pas certain que les molécules me suffisent pour comprendre le monde (par exemple, je ne suis pas certain que les molécules expliquent pourquoi les filles disent souvent des trucs tout bas en rigolant ou pourquoi mes copains veulent toujours se battre), mais je sais que, ces derniers temps, nous nous sommes bien amusés, dans la cuisine, et je suis sûr que nous avons fait des découvertes importantes. Comme tu n'as pas un oncle comme Michel, je t'expliquerai tout en détail.

Les Robinson de l'appartement

Tout a commencé un mardi soir, au dîner. Papa a pris son air sérieux qui nous fait toujours un peu rigoler pour nous dire :
« Les enfants, pendant plusieurs semaines, j'aurai des réunions avec des collègues toute la journée du mercredi ; je rentrerai le soir bien fatigué, et il faudra encore que nous sortions dîner avec votre mère. Je compte sur vous pour être sages. Nous vous aiderons à préparer votre repas, mais vous devrez vous débrouiller un peu. Martin, tu es assez grand pour faire la cuisine si on te prépare les plats. Au pire, tu n'auras qu'à les réchauffer. Ce n'est pas difficile.
– On ne vous verra pas du tout, a demandé Stéphanie ?
– Ne t'en fais pas, ma chérie, a dit Maman. J'essayerai de rentrer assez tôt de mon travail, pour que nous ayons un long moment ensemble.
– Mais vous n'allez pas nous laisser seuls tous les mercredis soirs, quand même !
– Ma chérie, je t'assure que nous rentrerons tôt. Tu sais, cela ne nous amuse pas beaucoup, de sortir tant. »

Et Papa et Maman sont partis vers la cuisine pour débarrasser, pendant que nous nous regardions, consternés, avec Stéphanie. D'une part, ça nous embêtait qu'ils nous laissent tout seuls, mais, d'autre part, je me disais aussi qu'on s'amuserait bien. Alors je n'ai rien dit, de crainte qu'ils ne fassent venir une baby-sitter : avec celles-là, on ne peut pas rigoler. Et puis, nous en avons un peu reparlé avec Stéphanie : ce sera formidable, nous serons comme Robinson Crusoe, mais dans un appartement.

Premier mercredi soir

Œuf sur le plat et pommes au four

Le mercredi soir suivant, Papa et Maman sont donc sortis pour la première fois :

« Comme convenu, vous vous débrouillez, nous a dit Maman en partant. Je vous ai tout préparé dans la cuisine : des tomates à la vinaigrette, du poulet froid, des haricots verts et un grand bol de cerises. Faites attention si vous réchauffez les haricots et soyez sages. Couchez-vous avant neuf heures après vous être brossé les dents. Nous vous embrasserons quand nous rentrerons... dans peu de temps. »

Dans peu de temps ! Ça m'étonnerait : je connais Papa, qui reste à table pendant des heures. Il dit qu'il est gourmand, mais mon oncle Bruno dit que c'est plutôt un goinfre.

Ça y est. Ils sont partis. Chouette, on va s'amuser. Stéphanie me regarde en rigolant :

« Martin, ça te fait envie, toi, des tomates et du poulet ? Moi, ça n'est pas ce que je préfère.

– Oh si ! Le poulet, c'est bon quand c'est chaud.

– D'accord, mais il n'est pas chaud, pour l'instant.

– Eh bien, il n'y a qu'à le réchauffer !

– Tu crois qu'on peut ?

– Mais oui : hier, c'est moi qui ai allumé les plaques sous

l'omelette, et le four pour le gâteau. Et puis, Maman l'a dit : je peux réchauffer les haricots. Alors pourquoi pas le poulet ? »

Nous avons pris une poêle, et Stéphanie y a mis le poulet. J'ai posé la poêle sur une plaque et j'ai réglé au maximum : je me demande bien à quoi ça sert, de chauffer lentement. Pendant ce temps, Stéphanie mettait le couvert. C'est amusant : elle adore mettre le couvert, alors que moi, je déteste ça. Je préfère jouer aux legos, mais là, je n'ai pas eu le temps, parce que Stéphanie a hurlé :
« Martin, tu ne sens pas quelque chose de bizarre ?
– Si, c'est comme quand Papa fait du barbecue, chez Mamie.
– Regarde ! C'est notre poulet qui est carbonisé.
– Carbo quoi ?
– Carbonisé : tu ne sais pas ce que c'est ?
– Non.

– C'est quand on fait du charbon : charbon, carbone.
– Ah, je comprends : Michel m'a expliqué que, dans les aliments, les molécules contiennent des atomes de carbone.
– Des atomes de carbone ? Qu'est-ce que c'est que ça ? Je croyais que tout était fait de molécules.
– Oui, mais les molécules sont faites d'atomes : imagine plusieurs billes, les atomes, collées ensemble pour faire un truc plus gros, une molécule. L'eau, par exemple, est faite de molécules d'eau, et chaque molécule d'eau est faite de deux atomes d'hydrogène et d'un atome d'oxygène.

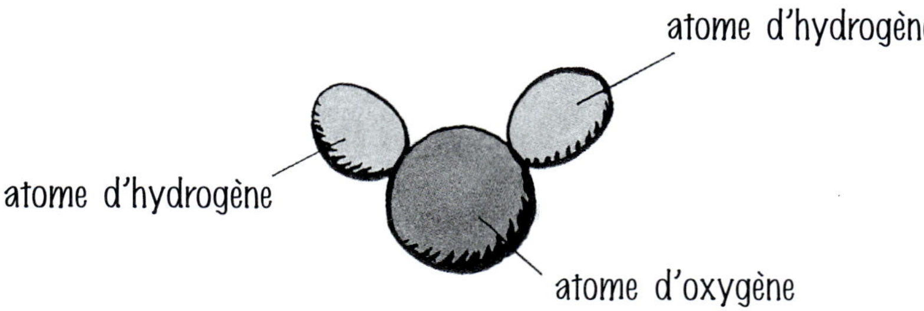

– Tu crois qu'on pourrait carboniser de l'eau ?
– Ah non, puisque l'eau ne contient pas d'atomes de carbone : on ne peut carboniser que ce qui contient du carbone.
– Tu est sûr ?
– Oui, d'ailleurs, Papa l'a dit : rien ne vaut l'expérience. Tu vas voir : nous allons essayer de carboniser de l'eau. »

RÉCHAUFFER DU POULET SANS FAIRE DE CHARBON

Pour réchauffer une viande déjà cuite, Stéphanie et Martin auraient pu penser à plusieurs solutions.

LE FOUR, TOUT D'ABORD : place la viande dans un plat qui va au four, et règle le four à feu très doux : 1, ou bien 75 degrés. Laisse chauffer pendant un quart d'heure environ. À ces basses températures, la viande ne perd pas son jus et reste tendre.

LA POÊLE AVEC UN CORPS GRAS : dans une poêle ou une sauteuse, place du beurre ou de l'huile, et fais chauffer à tout petit feu.

LA CASSEROLE AVEC UN LIQUIDE : si tu as du bouillon, mets la viande dedans et chauffe sans bouillir, pendant une dizaine de minutes.

LE FOUR À MICRO-ONDES : les micro-ondes sont comme de la lumière invisible ; elles peuvent traverser les aliments (ce n'est pas si étonnant que ça en a l'air : quand tu mets ton doigt devant la petite lumière rouge qui indique qu'un appareil est allumé, tu vois du rouge à travers ton doigt), et elles sont absorbées par l'eau. Comme la viande contient de l'eau, elle chauffe quand ses molécules d'eau absorbent les micro-ondes : c'est comme si on la bouillait de l'intérieur. Attention, les fours à micro-ondes peuvent cuire très rapidement. Une minute ou deux suffisent pour réchauffer une cuisse de poulet.

Pas d'atomes de carbone dans les molécules d'eau

Maman dit qu'avec Stéphanie, nous sommes de tous les mauvais coups. Et là, c'est vrai qu'elle a un peu raison. Stéphanie a pris une grande casserole ; moi j'y ai mis plein d'eau, et nous l'avons fait chauffer sur la plaque. Au bout d'une minute environ, l'eau bouillait. J'ai expliqué à Stéphanie ce que m'avait appris Michel et que je t'ai déjà expliqué : les molécules d'eau, quand elles sont chauffées, vont de plus en plus vite quand la température augmente. À partir d'un moment, elles vont si vite qu'elles quittent la casserole et qu'elles font un gaz : la vapeur d'eau, qui s'en va de la casserole.

Au bout d'un moment, toute la cuisine était pleine de vapeur, et le plafond gouttait :

« Tu vois, les molécules d'eau s'en vont, et il ne reste rien dans la casserole ; pas de charbon. C'est la preuve.

– La preuve de quoi ?

– La preuve que l'eau ne contient pas de carbone. De toutes les façons, je te l'avais dit : les molécules d'eau sont composées d'atomes d'oxygène et d'atomes d'hydrogène, pas d'atomes de carbone.

– Et pourquoi la casserole est devenue toute rouge ?

– Je ne sais pas, mais regarde comme c'est joli ; ça pourrait remplacer une lampe !

– Tu ne crois pas qu'on devrait éteindre la plaque, maintenant que toute l'eau est partie ?

– Attends encore un peu, c'est trop bien.

Le fer rouge

– Oui, c'est joli, mais ça m'a l'air très chaud : je ne peux même pas approcher ma main.
– Ça me rappelle quelque chose : Michel m'a expliqué que la couleur des choses change avec leur température. Quelque chose qui est chaud, mais pas trop, comme notre corps, par exemple, émet de la lumière qui ne se voit pas et qu'on appelle infrarouge.

Puis, quand on chauffe beaucoup les objets, ils rougissent, d'abord, ce qui veut dire qu'ils émettent de la lumière rouge, qu'on voit, puis ils blanchissent. La température de la casserole doit être à des centaines de degrés.
– Des centaines de degrés ! Pfouou...
– Et je me souviens aussi que si l'on chauffe assez fort, on peut fondre le métal.
– Fondre le métal ?
– Oui, et le verre aussi.
– Le verre ?
– Oui, le verre. Regarde, on va s'amuser à fondre du verre. Tiens, attends, je crois que j'ai une bille dans la poche. Je la mets dans la casserole chaude et elle va fondre. »

L'expérience n'a pas donné les résultats que j'attendais : la bille, dans la casserole, s'est cassée sans fondre, avec un bruit sec. Certains éclats étaient joliment brillants, mais je me suis brûlé quand j'ai voulu prendre la casserole pour récupérer la bille : le manche en plastique était si chaud qu'il commençait à être tout mou. Je me suis dit qu'il valait mieux arrêter l'expérience... et puis j'avais faim. Que manger, maintenant que le poulet était carbonisé ?

Une lumière invisible

Un jour, Michel m'a dit que certaines lumières étaient invisibles : « Faisons une expérience simple, m'a-t-il dit. As-tu un prisme, dans tes jouets ?
– Oui, même que je n'ai jamais bien compris pourquoi on voit l'arc-en-ciel, derrière...
– Et un thermomètre ? »
J'ai couru demander à Maman de me confier le thermomètre de l'armoire à pharmacie.
« Tu as de la fièvre, mon lapin ?
– D'abord je ne suis pas un lapin, et je n'ai pas de fièvre : c'est pour une expérience avec Michel.
– Il m'étonnera toujours, celui-là. Tiens, prends-le et fais bien attention. »

Quand je suis revenu au salon, Michel avait tiré les rideaux en ne laissant qu'un trou par où entrait la lumière du soleil, et il avait disposé le prisme devant : un bel arc-en-ciel s'étalait derrière, sur sa veste noire, qu'il avait posée sur le dos d'un fauteuil.
« Tu vois, la lumière qui arrive du soleil est blanche. Et derrière le prisme, on voit toutes les couleurs : c'est la preuve que la lumière du soleil et composée de toutes ces lumières. Maintenant regarde : je pose le thermomètre à côté du rouge, là où il n'y a pas de lumière : tu vois, il chauffe ! C'est la preuve qu'il y a quelque chose qui l'atteint. Cette lumière invisible est nommée infrarouge. »

Les œufs sur le plat et la conduction

« Il y a les tomates, demanda Stéphanie ; ça te dit ?
– Pas tellement, à cause de la vinaigrette.
– Alors on pourrait faire quelque chose qu'on aime ?
– Bonne idée. Des œufs sur le plat.
– Tu sais les faire ?
– Euh... Oui, c'est facile, j'ai dit : on prend une poêle...
– Comme pour le poulet !
– Oui, bon, comme pour le poulet, mais cette fois, essayons de ne pas carboniser l'œuf.
– Ça se carbonise ?
– Oui. D'ailleurs, j'y pense : c'est peut-être pour cela que Maman met du beurre dans la poêle. Elle attend que le beurre fonde, et puis elle casse les œufs. Elle chauffe fort, mais pas longtemps. Allez, on y va.
– Regardons bien : Michel t'a dit qu'il fallait bien observer et s'interroger sur ce que l'on voyait. D'abord, le blanc devient blanc, au fond de la poêle.
– Oui, mais surtout au bord, pas au centre.
– C'est embêtant, ça. Moi j'aime bien que tout le blanc soit bien cuit.
– Tu as raison, j'ai dit. Quand c'est liquide, ça n'est pas cuit. D'ailleurs, pourquoi ça cuit, un œuf ?

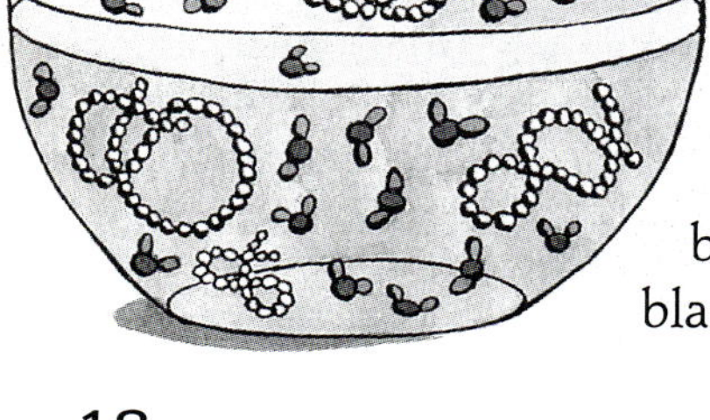

– Parce qu'on le chauffe, tiens !
– D'accord, mais qu'est-ce qui se passe, quand on le chauffe ?
– Michel me l'a expliqué : un blanc d'œuf cru (il n'est pas blanc, d'ailleurs, mais transparent)

est composé de molécules d'eau et de molécules que l'on nomme des protéines. Les molécules de protéines, c'est comme de toutes petites pelotes qui se déroulent quand elles sont chauffées. Et une fois déroulées, elles se lient les unes aux autres, et elles forment comme des fils de toile d'araignée, dans toutes les directions.

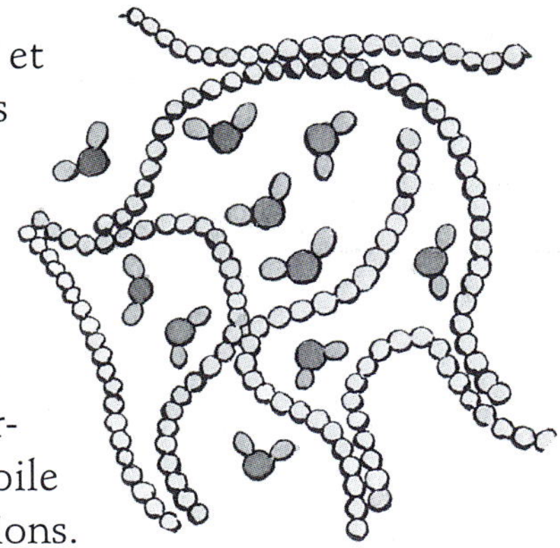

– Et les molécules d'eau, qu'est-ce qu'elles deviennent ?
– Elles sont prisonnières entre les fils, comme des mouches dans une pièce où des tas d'araignées auraient tendu des fils partout, du sol au plafond, et entre tous les murs.
– C'est amusant, cette histoire, mais regarde : j'ai l'impression qu'elles ne sont pas complètement prisonnières. La vapeur, au-dessus de la poêle, ce sont des molécules d'eau qui s'en vont.
– Oh, regarde aussi les bords du blanc : ils brunissent. Il ne faudrait pas les laisser brûler, comme le poulet. Soulève-les pour voir s'ils sont cuits, en dessous.
– Ouille, ouille, ouille ! La fourchette est drôlement chaude !
– Bon, les œufs ont l'air cuits.
– Ah non, regarde : à l'intérieur, près du jaune, le blanc reste liquide et transparent.
– Eh bien on va cuire un peu plus.

– D'accord, je chauffe plus fort.
– Eh ! Arrête, les bords carbonisent !
– Tant pis, tu n'as qu'à le manger comme ça, et une autre fois, on demandera à Maman comment faire.
– Et si on appelait Michel ?
– D'accord, il nous aidera. »

Nous avons mis nos pantoufles et nous sommes montés à l'étage du dessus, où habite Michel. Stéphanie a sonné : coup de chance, il était là, en train de travailler.
« Bonjour, les enfants, qu'est-ce que vous faites, debout à cette heure ?

Pourquoi il vaut mieux utiliser une spatule en bois qu'une fourchette métallique pour faire la cuisine

Pour comprendre pourquoi les cuisiniers utilisent des cuillers en bois, fais l'expérience de plonger une fourchette métallique dans de l'eau qui bout. Pour commencer, ne laisse la fourchette que pendant quelques secondes, puis ressors-la : le manche que tu tiens est froid, mais la partie qui était dans l'eau est brûlante. Remets alors la fourchette dans l'eau et, sans la sortir, touche le manche à différentes hauteurs au-dessus de l'eau bouillante : tu vois que la zone chaude remonte progressivement. Finalement, toute la fourchette finit par être chaude.

Refais alors l'expérience avec une cuiller en bois : tu auras beau la laisser pendant longtemps, son manche restera froid. On dit que le métal conduit la chaleur, et que le bois est un isolant.

Pourquoi cette différence ?

Quand on chauffe un métal en approchant une flamme de

– On se fait cuire des œufs, mais on a besoin de toi, parce que le blanc ne cuit pas partout de la même façon. »

Michel a eu l'air étonné. Pourtant il a l'habitude de nous voir faire des choses "remarquables", comme il dit en rigolant. Et il est descendu pour nous aider.

« Je vais vous montrer deux moyens pour avoir vos œufs bien cuits. Le premier est le plus difficile, et le second sera le plus simple.

D'abord, je casse un œuf dans une poêle : que voyez vous ?

– Moi, je vois qu'il s'étale, j'ai dit.

l'extrémité d'une barre, par exemple, les atomes du métal s'agitent là où l'on chauffe. En bougeant, ils agitent les atomes de métal qui sont près d'eux, un peu plus loin de la flamme. Ceux-ci, à leur tour, agitent ceux qui sont près d'eux. Et tout le manche chauffe ainsi, jusqu'à tes doigts.

Dans une cuiller en bois, les atomes ne sont pas répartis comme dans du métal. Ils forment des molécules. Quand la chaleur agite quelques atomes d'une extrémité de la cuiller, ces atomes agités font bouger les atomes de la même molécule, mais les molécules font peu bouger les molécules voisines. La chaleur se transmet mal.

Et maintenant, veux-tu savoir pourquoi les chaises sur lesquelles on s'assied en maillot de bain semblent plus froides quand elles sont en métal que quand elles sont en bois ?

Quand ta peau, qui est plus chaude que les chaises, touche le bois, sa chaleur ne s'écoule pas, parce que le bois est isolant. En revanche, quand la peau touche le métal, ce dernier conduit la chaleur, qui s'évacue de la peau vers la chaise. Celle-ci paraît plus froide.

– Et moi, je vois qu'il y a le jaune au centre, le blanc autour, et... le blanc n'a pas partout la même épaisseur, a dit Stéphanie. Il y a une sorte de marche.
– Bravo, ma chérie, a dit Michel. Il y a une marche dans le blanc, parce que le blanc est enfermé dans une membrane. Mais ce qui est surtout important, c'est de savoir qu'une partie du blanc, autour du jaune, est plus épaisse qu'à la périphérie. Or les parties minces cuisent plus vite que les parties épaisses, parce qu'il y a moins de matière à chauffer. De ce fait, le blanc de l'extérieur a une première raison de cuire plus vite que le blanc de l'intérieur. C'est gênant, mais il y a pire : le blanc de l'intérieur cuit à une température plus élevée que le blanc de l'extérieur. Je vous raconterai cela une autre fois, mais un bon moyen pour tout bien cuire consiste à déposer du sel sur le blanc intérieur. Regardez :

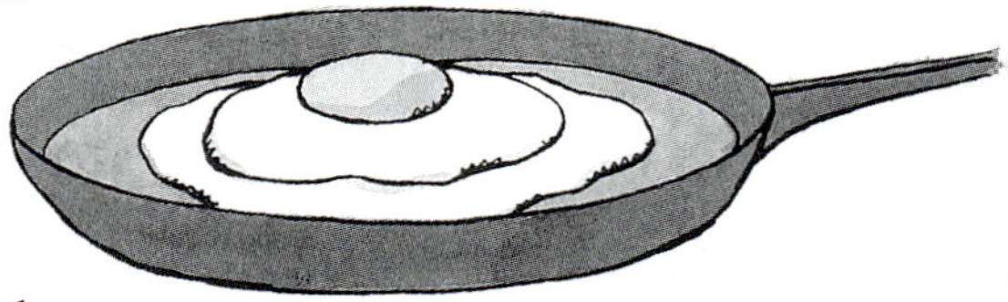

– Formidable : on voit le blanc d'œuf qui cuit au-dessous des endroits où on a déposé les grains de sel ! C'est un miracle !
– Non, ma chérie, c'est de la chimie.
– Et le second moyen, plus simple, j'ai demandé ?
– Il est effectivement très simple : tu mets les œufs dans des poêles de très petit diamètre, de sorte que le blanc soit ramassé autour du jaune, en une épaisseur régulière.
– Ça c'est un bon moyen, mais on n'a pas de petites poêles, j'ai remarqué.
– Et bien, nous allons faire cuire dans des bols, au four, a dit Stéphanie.
– Je vois que vous vous débrouillez, a dit Michel. Bon appétit ! Je remonte travailler »

Et il est reparti, pendant que nous cuisions nos œufs dans le four.

Quand nous avons fini de manger nos œufs (ils étaient cuits partout de la même façon, mais trop cuits au total, parce que nous les avions un peu trop laissés dans le four), nous sommes passés au dessert. Mais les cerises, ça faisait pas beaucoup de dessert :

« Quand Maman et Papa partent, il n'y a pas de raison de se laisser abattre, hein, Martin ?

– Oui, tu as raison, que pourrions-nous nous faire, comme bon dessert ?

– J'ai une idée : des pommes cuites, avec de la confiture ! Avec de la crème Chantilly. »

Moi j'étais d'accord pour les pommes cuites avec de la confiture, mais la Chantilly, je ne savais pas la faire. Je demanderai à Michel un autre jour.

Pour cuire les pommes au four, c'est facile : j'ai pris des pommes, j'ai enlevé le cœur, où se trouvent les pépins, avec un vide-pommes, et j'ai mis les pommes dans un plat à four. J'ai versé du sucre par dessus, et là, il y a eu une petite catastrophe, parce que Stéphanie qui regardait de trop près m'a fait bouger ; alors la moitié du sucrier est tombée sur les pommes : tant pis, ça sera bien sucré !

Après, je suis monté sur un tabouret et j'ai mis le plat dans le four.

« Comment faut-il chauffer ?

– Je ne sais pas très bien, mais on va essayer de ne pas carboniser nos pommes. Crois-tu que 100 degrés, ça sera assez ?
– Ben...
– Oui, tu ne sais pas non plus. Cent degrés, c'est comme quand l'eau bout ; c'est beaucoup, car les pommes contiennent de l'eau qu'on risque d'évaporer.
– De l'eau ?
– Oui, de l'eau : quand tu presses des pommes, tu obtiens du jus. Et ce jus, c'est de l'eau avec du sucre et plein d'autres molécules qui donnent le goût de pomme. Allez, je vais chauffer à 80 degrés seulement. »

L'ennui, avec la température de 80 degrés, c'est que la cassette de dessins animés que nous nous sommes mise, à la télévision, s'est achevée tandis que les pommes n'étaient pas encore cuites. Pourtant il était déjà 11 heures et demi du soir ! Papa et Maman allaient rentrer et on

n'avait toujours pas eu notre dessert. Alors nous avons pris les grands moyens : nous avons réglé le four sur 250 degrés, pour que les pommes cuisent plus vite. Et ça, c'était une bonne idée, parce que trois minutes après, le sucre était tout brun, caramélisé. Nous avons sorti le plat du four sans nous brûler, et nous avons partagé, très exactement, le pot de confiture entre nos deux pommes : la moitié du pot pour chacun. C'était vraiment bien sucré. Vite, nous avons mangé nos pommes et nous avons filé au lit, parce qu'à cette heure là, nous commencions à être fatigués : les cheveux de Stéphanie traînaient dans l'assiette, et moi, mes yeux se fermaient tout seuls. J'avais encore envie de monter pour demander à Michel qu'il m'explique comment cuisent les pommes, mais je me suis dit qu'il vaudrait peut-être mieux attendre le lendemain. À cette heure là, il dort peut-être.

Réservé à ceux qui ne craignent ni les aimants, ni les forces électriques

Michel, un autre jour, nous a expliqué en détail pourquoi le sel permet de faire cuire plus vite le blanc d'œuf :
« Vous avez déjà attiré de petits morceaux de papier à l'aide d'une règle en plastique que vous aviez frottée sur un chandail ?
– Oui : on voit le papier sauter sur la règle.
– Très bien. Et bien, si le papier est attiré vers la règle, vous admettez qu'une force le tire ?
– Ben... oui : il faut bien que quelque chose le déplace, sinon il ne bougerait pas !
– Eh bien, les forces qui tirent le papier sont des forces que l'on nomme forces électriques, et qui sont dues aux électrons.
– Oh, oh ! Encore un de tes trucs bizarres, comme les molécules et les atomes.
– Oui, mais plus petit ! Écoutez bien : quand vous prenez un morceau de sucre et que vous le divisez, vous voyez des cristaux de sucre ; ils se voient à l'œil nu, ou avec une loupe. Maintenant, si vous coupez un cristal en deux, et puis que vous coupez en deux une des deux moitiés, et que vous coupez encore en deux une des deux nouvelles moitiés, et que vous coupez en deux plusieurs fois de suite, vous obtenez des morceaux de plus de plus petits, qui sont toujours des cristaux, composés de molécules de sucre. Bientôt, vous ne verrez plus les cristaux à la loupe, tant ils sont petits.

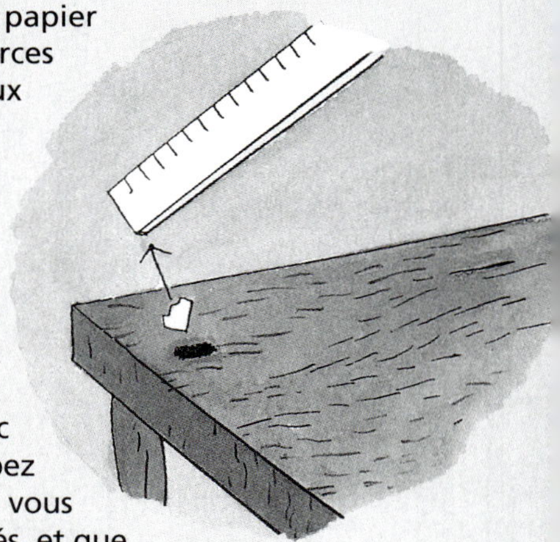

– Alors on les regarde au microscope.
– Oui, on les voit au microscope, et l'on dit qu'ils sont microscopiques.

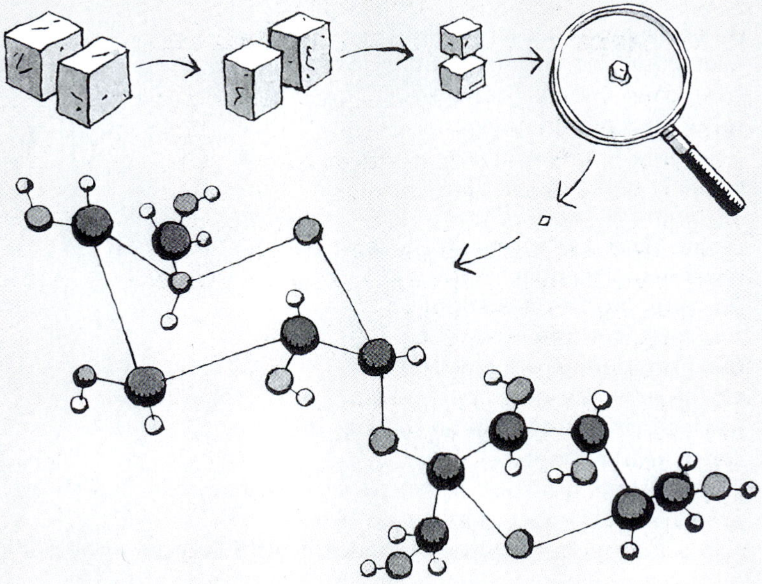

– Ceux qu'on voit à la loupe, j'ai dit, ils sont loupiques ?
– Arrête de faire le zouave, a répondu Michel. Bref, quand vous coupez ainsi des cristaux de plus en plus petits, vient un moment où il ne reste plus qu'une molécule de sucre ; et cette molécule est composée d'atomes.Elle donne la saveur sucrée.
– Ça, on commence à le savoir, a dit Stéphanie d'un air supérieur.
– Bon, très bien, a repris Michel. Imagine que l'on coupe la molécule de sucre et qu'on isole un atome. Si l'on coupe cet atome, qu'obtient-on ?
– Euh...
– Tu as raison d'hésiter, car c'est une question difficile. D'ailleurs le mot « atome » vient du grec et signifie "qu'on ne peut pas couper". Pourtant, on peut le couper, et des physiciens du début

du siècle y sont parvenus, montrant que les atomes sont composés d'un centre, qu'on nomme un noyau…

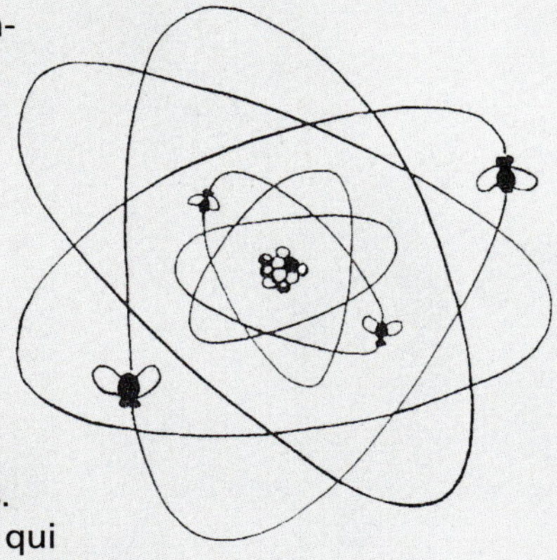

– Comme le noyau d'une cerise ?

– Comme le noyau d'une cerise. Sauf qu'autour il n'y a rien à manger : il y a du vide, et des trucs qui tournent à toute vitesse et que l'on nomme des électrons. Un peu comme des mouches qui tourneraient autour d'un noyau de cerise déjà mangée.

– Et les œufs qui cuisent avec le sel, j'ai demandé ? Quel rapport avec ces mouches et ces noyaux ?

– Tu as raison. Revenons-y. Quand tu frottes la règle sur le pull-over, tu arraches des électrons, qui tendent à retourner vers des noyaux ; ce sont eux qui tirent le morceau de papier vers la règle. Voilà les forces électriques dont je vous ai parlées.

– C'est amusant, a dit Stéphanie, ce sont des forces invisibles, comme celles qui agissent entre des aimants.

– Bravo, a dit Michel, et tu as peut-être observé que, lorsque le papier a touché la règle, il s'en écarte ?

– Oui, comme avec deux aimants qu'on ne tourne pas dans le bon sens.

– Exactement. Pour les forces électriques comme pour les forces magnétiques, il existe des attractions et des répulsions. Eh bien, entre les protéines du blanc d'œuf, il existe des forces électriques qui repoussent. Et s'il faut chauffer pour coaguler les œufs, c'est à la fois parce qu'il faut dérouler les pelotes que sont les protéines, et aussi parce qu'il faut les rapprocher, malgré les forces électriques qui les repoussent.

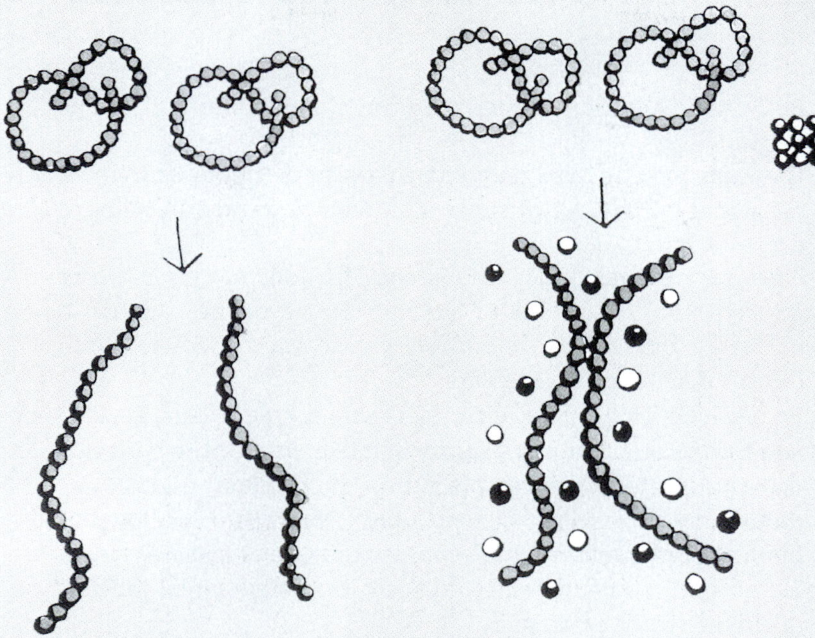

– Et le sel, dans tout ça ?
– Le sel ? Quand on le met dans l'eau du blanc d'œuf, il se dissout : il semble disparaître, parce que ses atomes se séparent et se dispersent dans l'eau. Ils viennent entourer les protéines et font une sorte d'écran, de sorte que les protéines se repoussent moins. Et si elles se repoussent moins, elles s'associent plus facilement.
– Et elles cuisent, a crié Stéphanie !
– Absolument. Tu as compris.
– Oui, j'ai repris, mais c'est compliqué, comme moyen pour cuire les œufs. »

COMMENT FAIRE DE LA CRÈME CHANTILLY

La crème Chantilly ? Un jeu d'enfant si l'on comprend ce que l'on fait.

C'est une mousse que l'on prépare à partir de crème. Autrement dit, il faut introduire des bulles d'air dans la crème : on utilisera donc un fouet.

Normalement les bulles ne restent pas dans la crème, parce qu'elles sont plus légères qu'elle. En revanche, quand la crème est bien froide, la matière grasse qui s'y trouve durcit autour des bulles et les piège.

En pratique, on commence par mettre de la crème fleurette dans une terrine que l'on place au congélateur pendant une dizaine de minutes. Puis on fouette la crème en cherchant à introduire autant de bulles d'air que possible. On s'arrête de fouetter quand la préparation est devenue mousseuse et épaisse, stable. Si l'on veut, on peut ajouter du sucre, à ce moment, et fouetter quelques secondes de plus pour bien disperser le sucre.

Quand on n'a pas de crème fleurette, on peut allonger de la crème épaisse avec du lait.

La crème Chantilly ? Je vous l'avais dit : c'est un jeu d'enfant, et on s'étonne que les enfants n'en préparent pas plus.

Deuxième mercredi soir

Steaks, pâtes et yaourts aux fruits

Jeudi dernier, nous nous sommes fait drôlement gronder : il paraît que nous avions laissé le four allumé. Moi je ne trouve pas ça très grave : ça chauffe la maison. Mais Papa m'a parlé de notes d'électricité, d'incendie... Bref il n'était pas content. Et ça c'est ennuyeux, parce que, dans ces cas-là, il prend des mesures. La mesure, en fait, elle était bien : il a téléphoné à Michel pour lui demander de nous garder. Quand Michel est arrivé, je lui ai demandé pourquoi les pommes ne cuisent pas à 80 degrés et pourquoi le sucre fait du caramel à 250 degrés.

Papa m'a dit que j'encombrais et que ça ne se faisait pas de sauter sur les gens comme ça. Il a emmené Michel dans le salon, et ils ont discuté un long moment, sans faire attention à nous.

Puis, quand Papa et Maman sont partis, ils ont oublié de nous dire ce qu'il y avait pour le dîner. Ça n'était pas très grave, parce que Michel était avec nous.

Les micro-organismes

« Dis, Michel, tu m'expliques les pommes et le sucre, maintenant ?
– Oui, je crois que je suis en condition, il m'a dit en rigolant. Tes pommes, ce sont des végétaux, composés de cellules, comme tous les végétaux.
– Eh bien ça commence mal. Les cellules, c'est comme les molécules ?
– Non, c'est bien plus gros, puisqu'on les voit au microscope. Une cellule, c'est un petit sac fabriqué à partir de molécules. Attends, je vais t'expliquer les choses dans l'autre sens. Tu prends une molécule. Regarde cette allumette ; imagine que c'est une molécule.
– Oui.
– Bon, si tu mets plein d'allumettes debout les unes à côté des autres, tu peux couvrir toute la table, d'accord ?
– D'accord, mais dans ta petite boîte, il n'y en a pas assez !

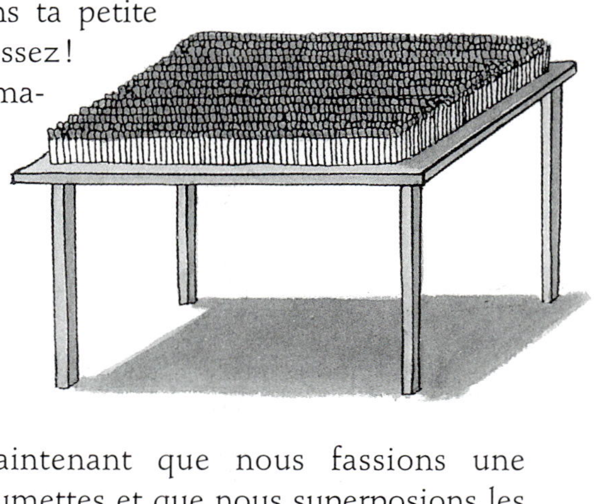

– C'est vrai, mais imagine qu'on en ait assez : crois-tu qu'on pourrait couvrir la table ?
– Oui, avec plein d'allumettes.
– Bon : ainsi on fait une nappe d'allumettes. Imagine maintenant que nous fassions une deuxième nappe d'allumettes et que nous superposions les deux nappes, en plaçant les bouts rouges à l'extérieur, et les queues des allumettes entre les deux couches. Nous for-

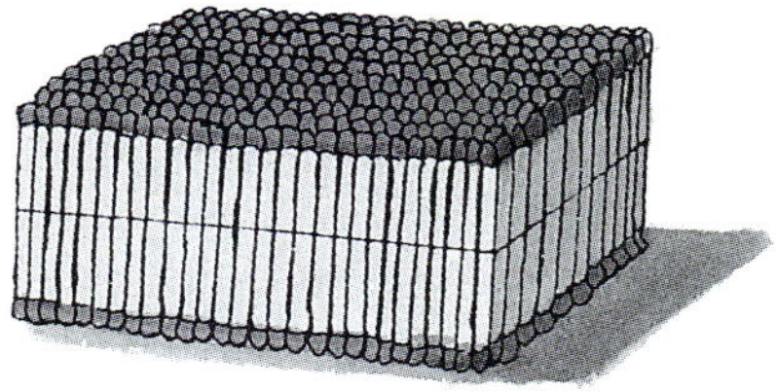

mons une double couche d'allumettes.
– D'ac, j'ai dit, parce que c'était drôlement facile, cette histoire d'allumettes.
– Bon, maintenant, suppose que les allumettes collent ensemble, de sorte que nous puissions soulever cette double couche, mais qu'elle puisse se plier. Nous la recourbons et formons un sac. Ce sac, nous le nommons cellule et, dedans, nous pouvons mettre plein de molécules. Des molécules d'eau, par exemple, et d'autres molécules qui permettent à la cellule de vivre.
– De vivre ?
– Oui, de vivre, car les cellules sont vivantes. As-tu déjà entendu parler des microbes ?
– Qui rendent malades, oui.
– Eh bien certains de ces microbes sont seulement une cellule vivante.
– Et ils nous rendent malades alors qu'ils sont microscopiques !
– Oui. Maintenant, les plantes : elles sont formées de nombreuses cellules empilées. Tout comme les animaux, et tout comme nous.

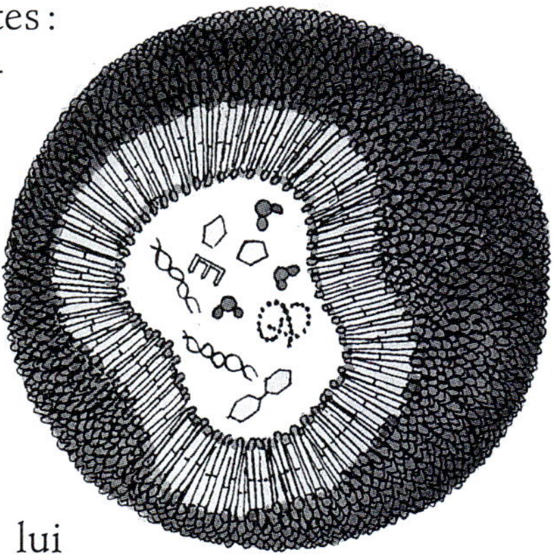

– Dis donc, c'est difficile à imaginer, tes histoires de cellules. On ne pourrait pas en voir ?
– Si bien sûr. Attends-moi »
Et Michel est monté chez lui chercher son microscope. Quand il est

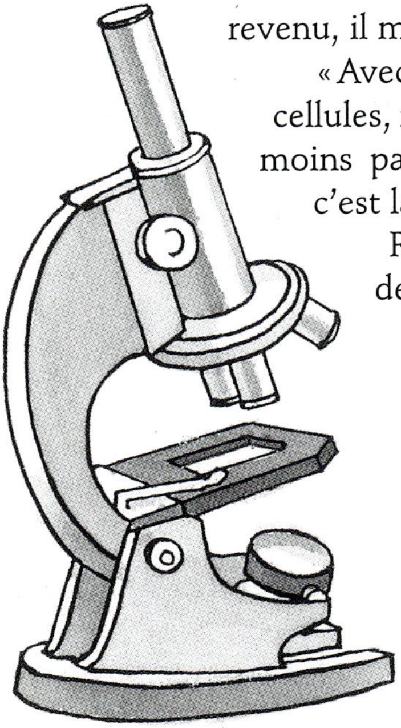

revenu, il m'a demandé d'apporter un oignon :
« Avec les oignons, on voit facilement les cellules, mais tous les végétaux sont plus ou moins pareils. Tiens, votre pomme d'hier, c'est la même chose.

Regardez, je coupe l'oignon en deux, puis je prends une très mince couche. Je la pose sur le microscope. Et... attendez, je règle. Voilà, regardez, qu'est-ce que vous voyez ?

– Laisse-moi regarder la première, m'a dit Stéphanie. Ah, je vois plein de trucs un peu rectangulaires, transparents, les uns à côté des autres...

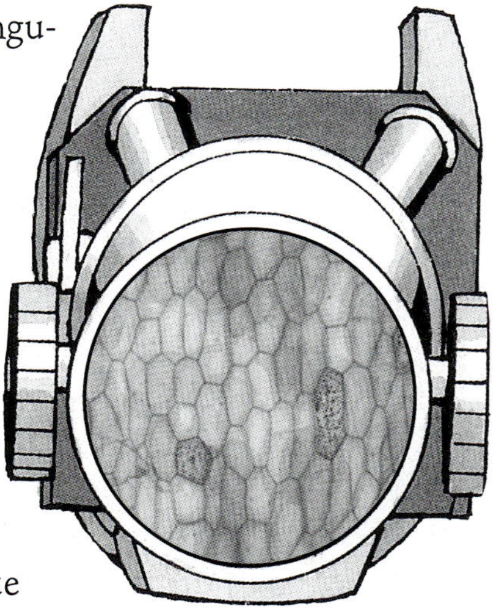

– Très bien : ces trucs rectangulaires, comme tu dis, ce sont des cellules.

– Et les molécules, j'ai demandé ?

– Ah, a dit Michel, tu oublies qu'elles sont trop petites pour qu'on les voie.

– Mais pourquoi voit-on les cellules ?

– Parce qu'elles sont composées de plein de molécules. Regarde, d'ailleurs : tu vois que

les cellules sont entourées d'une paroi, le sac, quoi.
– Oui.
– Et bien, ce sac est dur dans les végétaux, et quand on cuit, c'est pour l'amollir. Tu te souviens, ta pomme d'hier ?
– Oui, on l'a cuite.
– Pour casser le sac ! »

Tout petit, mais vivant

« Dites donc, les enfants, maintenant que nous avons vu des cellules qui ne bougent pas, voudriez-vous voir des cellules qui bougent ?
– Oui, a dit Stéphanie, car celles-ci n'ont pas l'air vivantes !
– Martin, m'a dit Michel, veux-tu s'il te plaît aller me chercher de la levure dans mon réfrigérateur ?
– De la quoi, j'ai demandé ?
– De la levure, a répondu Stéphanie. Je sais ce que c'est : c'est une sorte de petit cube beige que Maman utilise quand elle fait du pain ; on la met dans du lait tiède et ça fait des bulles.
– Eh bien vas-y, si tu sais... »

Quand elle est revenue, elle avait un petit cube dans un papier. C'était mou, et beige.
« Tu vois, ce cube ; il est composé de très nombreuses cellules de micro-organismes.
– Micro-organismes ?
– Oui, des microbes, quoi. Regarde : je prends un peu de mon cube de levure, que j'ai acheté chez le boulanger, et je le mets dans un verre d'eau tiède. Pendant que les levures se réveillent, on va regarder une goutte d'eau pure. Sur la lame de verre, je mets une goutte d'eau, et nous allons regarder au

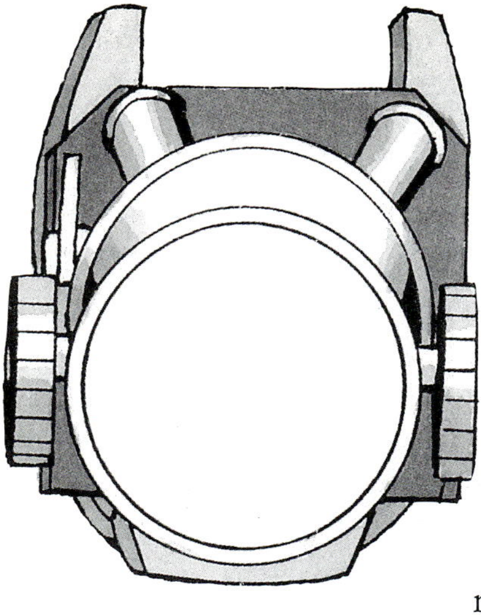

microscope. Tiens, à toi l'honneur, Stéphanie, que vois-tu ?
– Rien du tout.
– Exactement, rien du tout, parce qu'il n'y a que des molécules d'eau, qui sont trop petites pour être vues même avec le microscope. Maintenant je prends une goutte de l'eau tiède où l'on a mis la levure. Que vois-tu ?
– Des tas de petits trucs ronds qui bougent !
– Ce sont les cellules de levure. Chaque truc rond est une cellule vivante. C'est une sorte de sac qui contient de l'eau et plein de molécules de toutes sortes qui lui permettent de vivre, de grossir, de se reproduire...

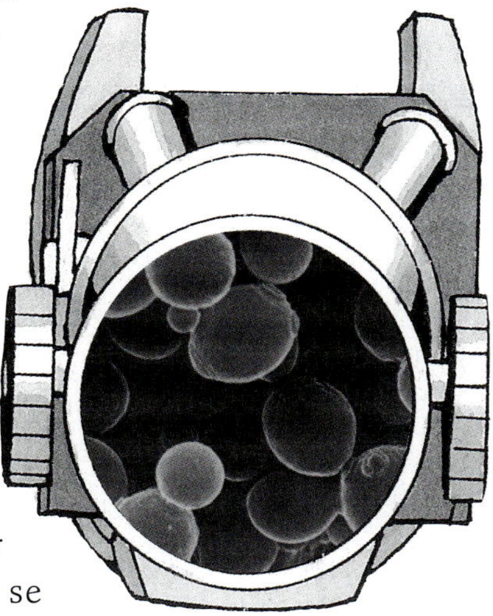

– De se reproduire ?
– Oui, de se reproduire. Si vous attendez patiemment, vous verrez des cellules de levure former comme une haltère, puis se séparer en deux moitiés. À partir d'une seule cellule de levure, vous en obtenez deux, qui se divisent encore, et chacune se divise encore. Ainsi une seule cellule de levure en donne mille en se divisant dix fois seulement. »

Des gros mots pour le sucre

« Et si on revenait à nos histoires de pommes et de caramel, j'ai demandé. Les pommes, on a vu qu'elles étaient faites de cellules, mais le caramel ?
– Le caramel, c'est un peu plus compliqué. D'abord, ton sucre sur la pomme, il absorbe l'eau qui est libérée quand les cellules sont cassées.
– Et ça fait un sirop, a demandé Stéphanie ?
– Tout à fait, un sirop. De sorte que, quand tu chauffes ce sirop à plus de 150 degrés, tu provoques des réactions chimiques qui font le caramel.
– Aïe, encore un truc compliqué !
– Mais non, c'est simple. Dans le sirop, tu as des molécules d'eau et des molécules de sucre, d'accord ?
– D'ac. Et elles bougent dans tous les sens parce que c'est liquide et que c'est chaud, c'est ça ? »

Il m'a dit que oui :

« Plus tu chauffes, plus l'eau s'évapore. Mais quand il ne reste presque plus de molécules d'eau, les molécules de sucre se transforment. Elles perdent certains de leurs atomes, tandis que les atomes restants se réarrangent et font deux sortes de nouvelles molécules : des molécules qui sentent bon, et des molécules qui font la couleur brune. C'est le caramel.
– Dis, Michel, j'ai faim, a dit Stéphanie.
– Moi aussi, j'ai dit, parce que c'est vrai, ces histoires de microscopes, ça ne nourrit pas son homme, comme dit Papa.
– D'accord, mais que voulez-vous manger ?
– Des pâtes, a dit Stéphanie.
– Oui, et du steak, j'ai dit. »

Michel a dit que bon, d'accord. Et il nous a demandé de mettre le couvert. Là nous n'avons pas traîné : deux assiettes, deux fourchettes, deux couteaux, deux verres et, hop, sel, poivre, carafe d'eau, c'était fini. J'ai fait les pâtes, mais j'ai eu un petit problème, comme tu vas voir. Pendant ce temps, Stéphanie disait :
« Regarde, Michel, je vais faire des steaks super.
– Et comment fais-tu des steaks super ?
– Je fais bien chauffer la poêle, j'y mets un mélange de beurre et d'huile, et quand ça commence à être très chaud, je mets les steaks. Ils brunissent et ils cuisent à toute vitesse, si bien que leur jus n'a pas le temps de s'évaporer et qu'ils restent tendres ; dès que la surface de la viande est marron, je sors les steaks de la poêle et je les sers. C'est fini, et c'est drôlement plus tendre que quand Ludo les fait, le mercredi (son vrai nom, c'est Ludovic ; c'est mon copain, qui aime bien les avions et qui aimerais bien se faire catapulter dans l'univers, comme il dit). Lui, il cuit à tout petit feu ; ça brunit presque pas et c'est dur comme de la semelle.
– Tiens, dit Michel, nous revoilà avec du glucose !

Bonne nouvelle : il existe plusieurs sucres

Bonne nouvelle pour tous les gourmands : Michel m'a expliqué qu'il existe plusieurs sortes de sucre :
« Tu vois, ce sucre de table, les cristaux blancs que tu as l'habitude d'ajouter à ton chocolat au lait.

– Oui, c'est du sucre...
– Pas n'importe lequel : ce sucre est le saccharose (on prononce sakarose).
– Pourquoi ne dit-on pas du saccharose de table, alors ?
– On pourrait. Il suffirait même de dire du saccharose, mais peu de gens te comprendraient. Et puis, il y a pire : il existe d'autres sortes de sucre qui ne sont pas du saccharose.

Par exemple, les cellules vivantes de notre corps ont besoin d'aliments pour vivre ; cet aliment qui leur est apporté par le sang, c'est un sucre nommé le glucose. C'est une molécule plus petite que celle du saccharose.

D'autre part, dans le miel, tu as une autre sorte de molécules de sucre : les molécules de fructose. De même pour le lait, qui est doux parce qu'il contient des molécules de lactose. C'est également une sorte de sucre.

Tu entends : saccharose, glucose, fructose, lactose ; la fin des noms des sucres est toujours ose. Cela signifie que ce sont des molécules qui appartiennent à la famille chimique des sucres.
– Et quand on a mal au dos, je suppose que c'est parce qu'on a mangé trop de sucre, a demandé Stéphanie ?
– Qu'est-ce que c'est que cette histoire, a dit Michel ?
– Oui, j'ai entendu Maman dire de tante Claudine qu'elle avait une lordose.
– Tu as raison, ma chérie, c'est logique, mais voilà, lordose est un mot qui finit en ose, mais ça n'est pas un sucre. C'est le nom d'un mal de dos. »

– Tu veux dire que la semelle, c'est du glucose ?
– Non, pas la semelle, mais tu vois, cette couleur brune que tu aimes, sur le steak...
– Parce qu'elle a un goût génial !
– Oui, parce qu'elle a un goût génial ; eh bien, elle est ainsi parce que, dans ta poêle que tu chauffes tant, tu provoques des réactions chimiques entre les protéines de la viande et le glucose qui se trouve dans le sang ; dans le jus si tu préfères.
– Encore des réactions chimiques ?
– Eh oui, a répondu Michel. Je t'ai expliqué que les molécules bougent de plus en plus vite, quand on les chauffe. Eh bien, quand tu chauffes ton steak, les molécules de glucose et d'autres sucres qui sont dans la viande s'agitent de plus en plus, de même que les molécules de protéines. Comme tu cuis en l'absence d'eau...
– Oui, pas comme dans un pot-au-feu, quoi, j'ai dit.
– Oui, en l'absence d'eau, les molécules de glucose cognent les molécules de protéines, et elles s'attachent ensemble, for-

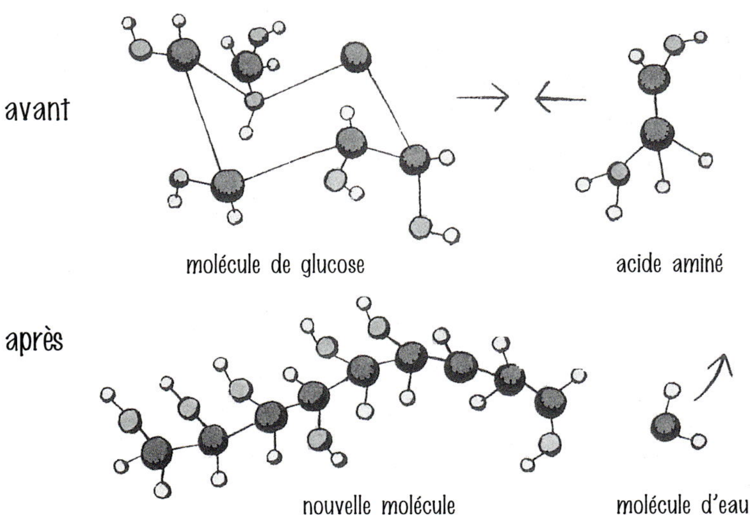

mant de nouvelles molécules, pendant qu'un atome d'oxygène et deux atomes d'hydrogène partent ensemble...
– Oui, une molécule d'eau, j'ai dit.
– Exactement, une molécule d'eau est éliminée, pendant que vous obtenez des molécules qui donnent de la couleur et du goût. Et puis...
– Et puis quoi ? Moi je vois bien que ma façon est bien préférable à celle de Ludo : en chauffant fort, je fais plein de réactions chimiques, alors que lui, il ne chauffe pas assez pour faire du bon goût.
– Oui, mais je voulais te dire autre chose. Tu vois, dans ta poêle, tu as mis de la matière grasse.
– Non, pas de la matière grasse : du beurre et de l'huile.
– Si, du beurre et de l'huile ce sont des matières grasses, et les molécules de l'huile et du beurre se ressemblent : elles ne sont pas comme des pelotes, mais plutôt comme de minuscules peignes à seulement trois dents qui ne se mélangent pas aux molécules d'eau.

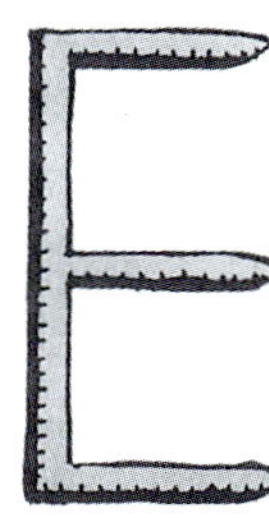

Eh bien, ces molécules de matière grasse se lient aux sucres et aux protéines, pour faire des molécules qui ont bon goût : tiens, le goût du poulet rôti, par exemple.
– Mioum mioum !
– Mioum mioum, comme tu dis. Ce sont des molécules qui sont formées par des réactions chimiques qui s'appellent des réactions de Maillard.
– Ma quoi ?
– Maillard. C'est le nom d'un chimiste de Nancy, qui vivait au début du vingtième siècle. Les molécules qui sont formées en présence ou en l'absence de graisse n'ont pas le même goût.

– Oui, mais la graisse, Maman dit toujours que c'est mauvais.
– Oui, c'est mauvais pour... sa ligne. Mais il y a un bon moyen : d'abord tu cuis avec de la graisse, pour faire des réactions chimiques de Maillard qui font un bon goût ; puis tu éponges le steak quand il est cuit, pour qu'il soit plus digeste.

Les trois dents de la matière grasse

Pourquoi l'huile ne se mélange-t-elle pas à l'eau ? Je croyais que les molécules d'huile et les molécules d'eau se repoussaient, mais Michel m'a expliqué que l'huile et l'eau ne se détestent pas particulièrement ; en revanche, l'eau aime trop l'eau pour se mélanger à l'huile. Avec lui, nous avons fait l'expérience que j'aurais dû faire depuis longtemps : mélanger de l'huile et de l'eau. Quand on verse doucement l'huile sur l'eau, elle reste au-dessus : je disais qu'elle était plus légère, mais Michel m'a corrigé, en m'indiquant qu'il fallait dire "moins dense". Et il avait drôlement raison, parce que quand nous avons fait l'expérience, nous avons utilisé 200 grammes d'eau, et 400 grammes d'huile, qui flottait alors qu'elle était plus lourde.

Bref, l'huile est moins dense que l'eau, et elle ne se mélange pas ; cela, j'avais l'impression de bien le savoir.

Alors Michel m'a demandé de boucher le bocal où nous avions versé l'huile et l'eau et d'agiter fortement : j'ai agité très fort et très longtemps, et nous avons obtenu une sorte de liquide blanchâtre où tout était mélangé :

« Tu vois que les molécules ne se détestent pas, m'a-t-il dit : elles sont parfaitement mélangées. »

– Moi je préfère pas éponger, j'ai dit, parce que c'est la graisse fondue qui est bonne.
– À table, a dit Stéphanie ; les pâtes sont cuites. »

Et c'était vrai qu'elles étaient cuites : toute l'eau s'était évaporée de la casserole, et les pâtes formaient une masse collante. Nous avons décidé que nous mettrions plein de beurre et que ça irait très bien comme ça.

Puis nous avons laissé le bocal devant nous, et nous l'avons regardé. Lentement l'huile est remontée : c'était bien normal, puisque l'huile est moins lourde, euh ! pardon, moins dense que l'eau. Mais pourquoi les molécules d'eau se regroupaient-elles ? Parce que des forces électriques les attirent, comme le papier par la règle frottée contre le pull-over.

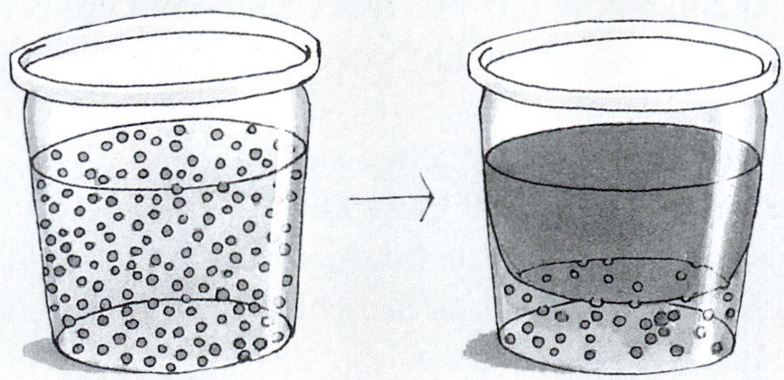

Et, pour finir, Michel m'a indiqué que les molécules de matière grasse sont comme des peignes à trois dents. Il m'a dit que le manche est une molécule qui se nomme le glycérol :
« Tiens, c'est rigolo, j'ai dit ; cette molécule a presque le même nom que la glycérine !
– Oui, c'est la même molécule. En pharmacie, on la nomme glycérine, mais son véritable nom chimique est glycérol.
– Et les dents ?
– Les dents, ce sont des molécules que l'on nomme des acides gras.

En fait, on n'a pas eu besoin de mettre tant de beurre que cela, parce que la casserole a glissé par terre et que les pâtes se sont étalées dans toute la cuisine. Michel a eu l'air soulagé. Il a dit qu'il fallait refaire des pâtes, parce que celles-là étaient toutes sales, et Stéphanie a dit que non, elles étaient pas si sales, et elle a voulu les manger, mais elle a été d'accord pour en refaire quand elle a trouvé une fourmi dans les pâtes qu'elle avait ramassées par terre.

Michel a fait les pâtes différemment : il a pris une casserole, il a mis de l'eau, mais il a également mis du sel, et il a attendu que l'eau bouille pour y mettre les pâtes.

« Dis, Tintin, m'a dit Stéphanie pour me faire bisquer (je déteste qu'on m'appelle Tintin), tu vois que tu ne sais pas faire les pâtes.

– Si, Nini, je lui ai répondu : Michel fait bien comme moi.

– Oui, a dit Michel, je fais presque comme toi, mais je sale l'eau pour que les pâtes soient salées à cœur ; sinon, quand on les sale dans le plat de service, il faut mettre davantage de sel et ça ne paraît jamais assez salé.

– C'est amusant. Comment ça se fait ?

– Je ne sais pas si je peux me lancer dans l'explication, a dit Michel, il se fait tard, et vous devez être bientôt couchés...

– Oh si, Michel, s'il te plaît.

– D'accord, mais pendant que vous mangerez vos steaks. »

Dans les pâtes

Alors on a vite mangé nos steaks, pendant qu'il nous expliquait que les pâtes étaient faites avec de la farine et des œufs. La farine est composée de petits grains, qui gonflent quand ils sont dans l'eau chaude et qui se soudent alors les uns aux autres ; les œufs servent à donner du goût et à faire une sorte de ciment entre les grains, ce qui aide à les tenir ensemble quand les pâtes cuisent dans l'eau chaude : c'est comme dans les clafoutis, où les œufs qui cuisent tiennent les cerises.

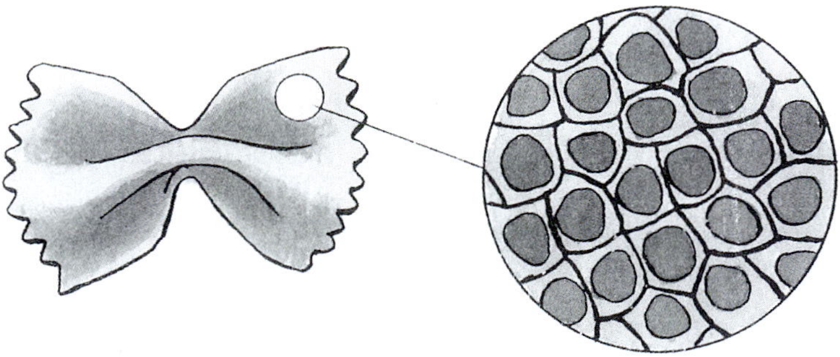

Mais les grains de farine perdent des molécules, quand les pâtes cuisent trop longtemps. Ces molécules-là sont de très longues molécules, qui se lient ensemble quand elles refroidissent, et qui font une sorte de colle. Il paraît même que la farine peut servir de colle. J'essayerai ça en classe : je vais prendre un peu de farine dans ma Stéphanie (c'est comme ça que j'appelle mon pot de colle) et j'y ajouterai de l'eau quand le maître nous demandera de coller quelque chose.

Pour que les longues molécules qui collent n'aient pas le temps de sortir des grains de farine, il faut cuire le moins longtemps possible ! C'est pour cette raison que Michel a jeté les pâtes dans l'eau bouillante : elles cuisent plus vite, de sorte que les molécules n'ont pas le temps de sortir pour faire la colle.

Stéphanie a alors demandé à Michel à quel moment il fallait mettre le sel dans l'eau.

« C'est une bonne question, ma chérie, certains disent que si on met le sel dans l'eau froide, l'eau met plus longtemps à bouillir, mais ça n'est pas vrai. Faisons l'expérience. »

Moi, j'étais bien content, parce que Michel avait oublié qu'il était tard. Il a pris une casserole, il y a versé le contenu d'un verre d'eau et il a chauffé la casserole pendant qu'il mesurait la température de l'eau avec ce qu'il appelle un thermocouple, comme un thermomètre, mais plus précis. L'eau pure, sans sel, s'est mise à bouillir en 4 minutes et 47 secondes.

Après, il a attendu que la plaque et la casserole refroidissent, il a vidé l'eau, il a mesuré la même quantité d'eau,

Pourquoi le sel refroidit l'eau

Avec Stéphanie, nous sommes tenaces : nous n'avons pas lâché Michel avant qu'il nous dise pourquoi le sel refroidit l'eau.

« Regardez, nous a expliqué Michel : le sel est solide, n'est-ce pas ? Et l'eau est liquide.

– Tu nous prends pour des idiots, j'ai demandé ?

– Oui, a dit Stéphanie, on le sait bien.

– Patience, les enfants, il a répondu. Il faut aller lentement pour bien comprendre. Je mets maintenant le sel dans l'eau, j'agite un peu et... abracadabra, on ne voit plus rien.

– C'est encore de la magie !

– Non, cette fois, c'est de la physique, mais c'est vrai que c'est étonnant. On dit que le sel s'est dissous dans l'eau.

– Il n'a pas plutôt fondu, j'ai demandé ?

– Ah non, c'est bien différent. Regarde, ce morceau de beurre ; si je le chauffe, il devient liquide, parce qu'il a fondu. Il y avait du beurre solide, et maintenant il y a du beurre liquide. Si tu

mais cette fois, il a préparé une tasse de gros sel.
« Mesure d'abord la température de l'eau pure, il m'a dit.
– 19 degrés, j'ai lu sur le cadran du thermocouple.
– Regarde : je mets le sel, je mélange. Mesure à nouveau.
– Eh ! ça ne fait plus que 17 : ça refroidit.
– Mais l'explication sera pour une autre fois. »

Nous avons alors chauffé la casserole où se trouvait cette eau salée et nous avons chronométré la mise à ébullition de l'eau.

chauffes du sel, sans eau, rien que du sel, tu peux le fondre, mais il faudra chauffer très fort.

En revanche, quand tu mets le sel dans l'eau, tu ne le chauffes pas, tu ne le fonds pas, tu le dissous. Pour comprendre, c'est comme chaque fois : pense aux molécules. Dans le sel, il y a des atomes de chlore et des atomes de sodium.

– C'est pour cela qu'il y a marqué "chlorure de sodium", sur les paquets de sel ?

– Exactement. Quand tu mets des cristaux de sel dans l'eau, les molécules d'eau, qui sont comme des boules de billard qui bougent dans tous les sens, viennent cogner les atomes de chlore et les atomes de sodium. Et ces atomes se dispersent dans l'eau. Mais les molécules d'eau ralentissent, en séparant les atomes du sel. Et tu te souviens : quand les molécules ralentissent, ça refroidit.

– Où est passé le sel, a demandé Stéphanie ?

– Ses atomes sont encore là, mais dispersés dans l'eau. Tu ne les vois pas, mais ils sont dans l'eau, où ils bougent dans tous les sens. On dit que le sel est dissous. »

Après cette explication, j'ai voulu fondre du sel dans une casserole. Mais l'idée n'était pas très bonne, parce que le sel s'est mis à sauter dans tout les sens, sans fondre... et je me suis fait gronder pour avoir mis du sel partout dans la cuisine. C'est vrai : ça crissait quand on marchait !

« Quatre minutes et 31 secondes, j'ai dit.
– Vous voyez, c'est presque pareil. Cette fois, l'eau salée a mis un peu moins de temps à bouillir, mais si vous refaites l'expérience, vous verrez que, parfois, c'est un peu plus long, de quelques secondes. Ça veut dire que, finalement vous pouvez mettre le sel dès le début, dans l'eau froide, ou quand l'eau bout. C'est pareil. Mais… quelle heure est-il ?
– Presque onze heures, a dit Stéphanie.
– Catastrophe ! Et vous n'avez même pas eu de dessert ! »

Nous avons fini nos pâtes à toute vitesse, et puis nous avons mangé un yaourt… et Papa et Maman sont rentrés. Michel était tout gêné, quand Papa a fait remarquer qu'il y avait un microscope et un thermocouple dans la cuisine. Moi je ne comprends pas pourquoi il était gêné, ni pourquoi Papa a dit que demain il ne serait pas nécessaire que Michel vienne nous surveiller.

UN STEAK ET DES PÂTES DE GASTRONOME

Pour faire un bon steak bien tendre, et plein de goût, j'ai résumé pour toi les quelques principes de base :

- D'abord, chauffer fortement une poêle avec un corps gras (huile ou beurre). Quand la matière grasse fume, y poser le steak et attendre une ou deux minutes, soulever le bord avec une spatule en bois pour voir quand la couleur brune est faite. À ce moment, retourner le steak et cuire l'autre face.
- Puis, servir sans attendre et, dans l'assiette, saler et poivrer la viande (moi, j'aime bien le gros sel en plus du sel fin).
- Pour les pâtes, la règle d'or, dit Michel, c'est de mettre les pâtes dans une grande quantité d'eau bouillante et salée.
- Compter huit minutes de cuisson, égoutter les pâtes, et ajouter du beurre ou de l'huile d'olive dans le plat de service (c'est la seule vraie façon d'avoir des pâtes qui ne collent pas).

Troisième mercredi soir

Poisson poché, purée et fraises Chantilly

Aujourd'hui, nous sommes à nouveau restés seuls : jeudi dernier, après m'avoir fait ramasser le sel qui faisait de la poudre sous les pieds, dans la cuisine, Maman a dit à Papa que Michel était bien gentil, mais qu'il n'était pas un baby sitter professionnel. Je ne comprends pas : quelqu'un qui explique si bien la chimie et la physique ! Si c'est pas professionnel, ça...

Quand les parents sont partis, Maman avait tout préparé : des carrés de poisson, de la purée, et elle nous avait acheté des fraises à condition que nous soyons sages. Nous, on avait promis, bien sûr. D'ailleurs, nous sommes sages, mais nous avons l'esprit expérimental, comme dit Papa. Et cet esprit, il faut bien qu'on l'ait hérité de quelqu'un...

Bref, Papa et Maman sont partis après nous avoir embrassés. D'abord, j'ai lu *Astérix*. J'aimerais bien avoir de la potion magique. Alors j'ai dit :
« Stéphanie, tu veux de la potion magique ?
– Non, j'ai faim. Maman a dit qu'on aurait du poisson. Ça rend malin, tu en as besoin !
– Crâneuse ! Tu dis ça, parce que tu as eu une bonne note en calcul, mais moi, quand je fais pas de faute d'étourderie, j'ai des notes super. Et je suis bien plus malin que Valérie, qui

est première de la classe. De toute façon, Valérie, elle râle toujours, et je ne l'aime pas tellement, parce que sa copine Marine est pénible. Bon, on le cuit, ce poisson.
– Il est pas cuit ?
– Non, Maman était si occupée à s'habiller que Papa lui a dit qu'il avait assez attendu comme ça et qu'on se débrouillerait. Après tout, à nous deux, on a presque vingt ans, alors on peut cuire notre poisson tout seuls. Tiens, regarde, c'est fastoche : une poêle, du beurre et tu grilles le poisson en faisant des tas de réaction de Maillard, comme les steaks d'hier.
– Ah non, pas de poisson grillé ! Moi je le préfère poché.
– Bon d'accord, poché, mais comment fait-on ?
– Je sais pas, moi.
– On va regarder dans le gros livre de cuisine. Ah, le voilà. Je vais chercher à "pocher". Pâtisson, plaque, princesse, non, c'est avant. Poulet, pois cassé, ah, voilà pocher : "faire cuire des aliments dans un mouillement plus ou moins abondant, en maintenant une ébullition imperceptible, qui se traduit

par un frémissement à la surface du liquide de pochage. Le pochage est une cuisson douce qui s'applique à de nombreux aliments : viandes, volailles, poissons..." Dis donc, c'est du charabia, ce truc. Tant pis, on va commencer par prendre une casserole et on va y mettre de l'eau, pour faire ce qu'ils appellent le mouillement.
– Ben oui, l'eau ça mouille.
– On allume tout doucement dessous, parce qu'ils disent qu'il faut une cuisson douce. On mets le poisson, et on attends. Dis, si on mettait des trucs qui ont bon goût dans l'eau ?
– De la cannelle, j'adore la cannelle !
– Tu crois que ça sera bon ?
– Oui, j'adore la cannelle. »

Coincer la bulle

« Bon, la cannelle. Et puis du sel, pour faire comme avec les pâtes : peut-être que le sel entre dans le poisson quand il poche. Eh, j'ai une autre idée : comme Michel a laissé son thermocouple, on pourrait s'amuser à mesurer la température du poisson qui poche.
– Attends, je crois qu'il appuie sur ce bouton. C'est ça. Regarde, dans l'eau froide, ça marque 25 degrés. Oh, oh ! Ça monte vite, quand même : regarde, c'est déjà à 32, 34, 38...
– Ne chauffe pas trop : le livre a dit qu'il fallait une cuisson douce.
– Oui, douce, je vais régler pour que ça frémisse seulement. Tiens, tu vois, on est déjà à 80 degrés, et il y a de petites bulles.
– Mais je croyais que les bulles c'était seulement à 100 degrés, quand l'eau bout ?

– C'est vrai, ça, mais regarde, si je mets le thermocouple juste au fond, là où les bulles commencent, c'est plus chaud : 98, c'est presque 100. Et là, à la surface de l'eau, la température est seulement de 77 degrés. Tout dépend des endroits.
– Dis donc, maintenant que ton thermocoupe...
– Thermocouple, pas thermocoupe.
– Oui, maintenant que c'est une cuisson douce, on n'a plus qu'à attendre.
– Combien de temps, à ton avis ?
– Ça n'est pas marqué dans le livre, mais Michel m'a expliqué que la viande et le poisson, c'est comme les œufs : les cellules contiennent de l'eau et des protéines. Et les œufs, si on veut qu'ils restent tendres, il ne faut pas les cuire trop, sinon ils perdent l'eau, qui s'évapore.
– Et alors ?
– Alors il suffit de regarder. Quand c'est cuit, ça change de couleur.
– Dans ce cas, c'est déjà cuit.
– Peut-être pas à l'intérieur. Attends encore un peu. »

Nous sommes repartis lire dans notre chambre, et cinq minutes plus tard, nous étions de retour :
« Allez, on va mettre plein de crème dessus. Ça va être super bon.
– Et moi, je fais la purée. »

J'ai pris le couteau économe, le truc avec deux lames où on peut pas se couper, mais qui permet de peler les légumes, et j'ai épluché une dizaine de grosses pommes de terre. Je les ai mises dans l'eau, dans une grande casserole, et j'ai fait chauffer. Comme c'était un peu long, je me suis amusé à mettre le thermocouple dans les pommes de terre. C'était rigolo : quand l'eau bouillait déjà, qu'elle était à 100 degrés, l'intérieur des pommes de terre n'était encore qu'à 30 degrés, et ça a aug-

menté très lentement. Il a fallu un bon quart d'heure pour atteindre 90 degrés, et là, les pommes de terre avaient l'air bien cuites. J'ai vidé l'eau, et j'ai préparé du lait chaud.

Et là, tout s'est passé exactement comme quand Maman nous fait la purée : le lait s'est sauvé !

Après, j'ai écrasé les pommes de terre avec une plaquette de beurre et le petit fond de lait qui était resté dans la casserole. J'ai ajouté de la noix de muscade, mais une pincée seulement, parce que je me souviens que Papa dit presque chaque fois que : « C'est quand même sidérant, qu'une si petite noix, réduite en poudre et mangée entièrement, contient suffisamment de composés toxiques pour abattre un cheval. »

La purée était un peu caoutchouteuse, mais meilleure que le poisson à la cannelle, malgré la crème. J'ai résisté à l'idée d'y faire exploser le pétard que m'a donné mon copain Bruno, mais il m'est arrivé un truc étrange : je l'avais laissée refroidir un bon moment, et quand je suis revenu la manger, elle était encore brûlante, au fond. La surface, elle, était toute froide ! Il faudra que je demande à Michel pourquoi elle ne s'est pas refroidie partout...

Ensuite, on a mangé plein de fromage sans pain, parce que c'est vrai, ça : ce qui est bon, dans le fromage avec du pain, c'est surtout le fromage. Moi, je le mange sans pain, mais avec du beurre par dessus : le beurre remplace le pain, n'est-ce pas ?

Au dessert, nous avions les fraises. On aurait bien mis de la crème Chantilly par dessus, mais il n'y en avait plus.
« On pourrait en demander à Madame Leconte, a proposé Stéphanie ?
– Non, il est déjà tard.
– Alors comment faire ?

– Je vais t'en faire, de la crème Chantilly, moi : j'ai appris la semaine dernière. Tiens, donne-moi la crème. Je fouette à tours de bras et j'ajoute le... Au fait, où est le sucre ?
– Il n'y en a plus ; nous avons tout renversé l'autre jour et maman a oublié d'en racheter. Dis, pourquoi elle a un petit goût de beurre, ta crème ?
– J'sais pas, mais c'est sûrement la preuve qu'elle est bien faite. »

COMMENT ÉVITER QUE LA PURÉE SOIT CAOUTCHOUTEUSE ?

« Michel, ma purée d'hier était comme du caoutchouc. Tu n'as pas un truc, pour éviter cela ?

– Si : comprendre ce que tu fais quand tu prépares de la purée.

– Je prends des pommes de terre et je les écrase avec du lait et un peu de beurre.

– D'accord, mais que crois-tu faire, ainsi ?

– Ben...

– Réfléchis un peu : les pommes de terre sont composées de cellules, et ces cellules contiennent des grains d'amidon, une poudre blanche comme il y en a dans la farine. Tu comprends bien que, si tu écrases les cellules, les grains d'amidon vont faire comme une sauce blanche avec le lait chaud, et ta purée sera collante.

Ce qu'il faut faire, pour avoir une bonne purée, c'est seulement séparer les cellules de pommes de terre ; et pour cela, il faut travailler à la bonne température, pour que le ciment qui tient les cellules ensemble soit affaibli. Si tu écrases des pommes de terre trop chaudes, les cellules cassent, et elles laissent partir leur amidon. Si tu travailles des pommes de terre trop froides, c'est le ciment qui refuse de lâcher, et les cellules qui cassent. Et si tu travailles trop la purée, tu finis par casser les cellules. Les chefs cuisiniers disent que la purée "corde".

– Comme une corde ?

– Exactement. »

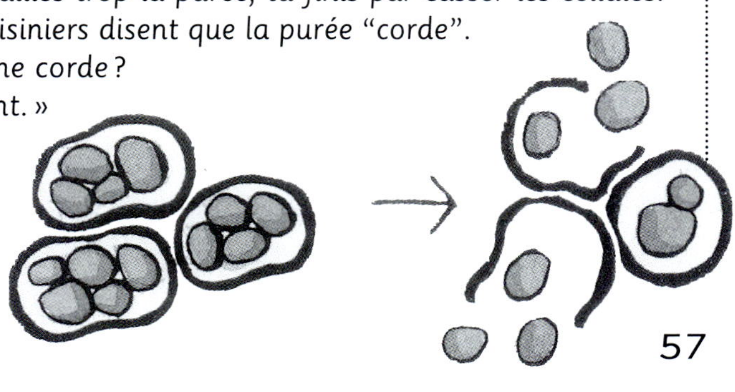

Quatrième mercredi soir

Œuf dur mayonnaise et tarte aux abricots

Jeudi dernier, on ne s'est pas trop fait gronder, parce que Maman n'avait pas vu la crème disparue. Elle a seulement dit que le pot de cannelle avait drôlement descendu !

Et après le déjeuner, Michel est venu chercher le thermocouple et le microscope qu'il avait oubliés. Je lui ai demandé pourquoi ma purée avait refroidi si lentement, et il m'a répondu que c'était parce qu'elle était épaisse. Épaisse ? Comme je ne comprenais pas, il s'est assis pour m'expliquer calmement :

« Sais-tu, d'abord, pourquoi la purée est plus épaisse que le lait, par exemple ?

– Parce qu'on y met des pommes de terre ?

– Oui, mais encore ?

– Ben... euh...

– Tu te souviens des pommes ? Elles étaient composées de cellules. Eh bien, les pommes de terre, c'est pareil. Tiens, regardons au microscope, puisqu'il est ici. »

Il a coupé une mince lamelle de pomme de terre, et il l'a posée sur la lame de verre : c'était amusant de voir tous ces petits sacs qui contenaient des trucs un peu ronds :

« Ce sont les grains d'amidon, m'a dit Michel.

– La poudre comme dans la farine ?

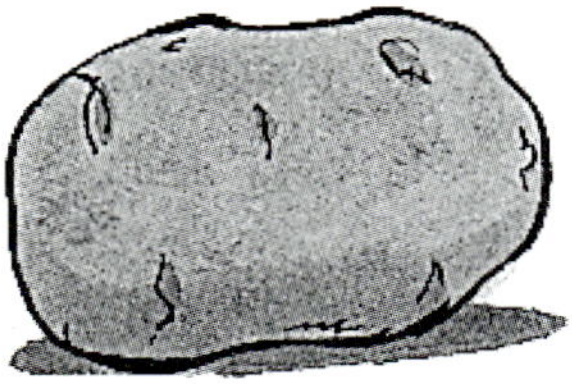

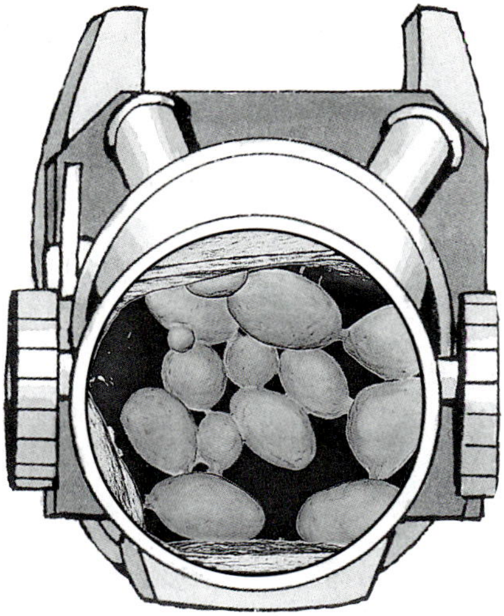

– Oui, l'amidon, qui forme une colle quand il est dans de l'eau chaude. Quand tu cuis les pommes de terre, l'amidon se trouve dans l'eau chaude des cellules, si bien qu'il gonfle.
– Alors, quand on cuit des pommes de terre, c'est comme si on faisait plein de petites sauces béchamel, dans les cellules ?
– Parfaitement, mon cher (quand il dit « mon cher », ça veut dire qu'il est fier de moi). Chaque cellule se remplit d'une petite sauce béchamel, un peu épaisse. Et quand tu ajoutes du lait en écrasant, tu mélanges toutes ces béchamels. C'est la purée. Elle est épaisse, on dit aussi visqueuse, parce qu'elle contient plein de grains d'amidon gonflés et aussi parce qu'elle contient plein de cellules. Cellules et grains d'amidon sont si tassés les uns contre les autres qu'ils ne peuvent pas bouger, si bien que la purée tout entière bouge difficilement.
– Oui, j'ai dit, alors que le lait tout seul, lui, c'est de l'eau.
– Pas tout à fait, quand même. C'est exact que le lait est composé surtout d'eau, mais il y a autre chose, dedans,

sinon ce serait de l'eau, pas du lait. Il y a d'abord le lactose, le sucre du lait, qui est dissous dans l'eau du lait, et il y a surtout des gouttelettes de graisse, dispersées dans le lait.

Bon, a repris Michel, nous allons maintenant comprendre pourquoi la purée, qui est épaisse, refroidit plus lentement que le lait, qui est liquide. Les molécules de la purée bougent difficilement, celle de la surface refroidissent, au contact de l'air qui est froid, mais celles de l'intérieur conservent leur chaleur longtemps, parce qu'elles ne peuvent pas bouger pour donner leur énergie à d'autres molécules.

Dans le lait, au contraire, les molécules de la surface se refroidissent au contact de l'air; cette partie devient plus dense, parce que les molécules qui bougent moins rapidement peuvent approcher davantage les unes des autres; alors la partie supérieure tombe au fond, pendant que du lait chaud et léger du fond monte en surface, se refroidit, etc. Ce mouvement s'appelle une convection. »

Tout cela, c'était jeudi dernier. La semaine s'est écoulée sans particularité, mais aujourd'hui, dans la soirée, Stéphanie et moi avons eu un coup de cafard, quand Papa et Maman sont à nouveau partis. Et le pire, c'est qu'aujourd'hui, Maman n'a rien préparé, parce qu'elle est rentrée tard : « Débrouillez-vous, elle nous a dit, le frigo est plein. »

Le lait, la crème et le beurre

Pourquoi le lait n'est-il pas seulement de l'eau ? Parce qu'il y a des tas de choses dedans. D'abord, il y a un sucre qui se nomme le lactose. C'est grâce à lui que le lait est doux.

Il y a aussi des vitamines, mais il y a surtout de la matière grasse, que j'ai vue grâce au microscope de Michel :

« Regarde, je prends une toute petite goutte de lait, je la mets sur la lame de verre du microscope, et je règle le microscope : que vois-tu ?

– Plein de petits trucs ronds. C'est ça, les gouttelettes de graisse ?

– Oui. Et sais-tu pourquoi cette graisse reste dispersée dans l'eau ?

– Je suppose qu'il y a des trucs autour, je veux dire, des molécules qui séparent la graisse de l'eau ?

– Gagné ! Ce sont des molécules qui ont une partie qui se dissout dans l'eau, et qui va dans l'eau, et une partie qui ne se dissout pas dans l'eau, et qui va dans la graisse. Le lait est ce que l'on nomme une émulsion.

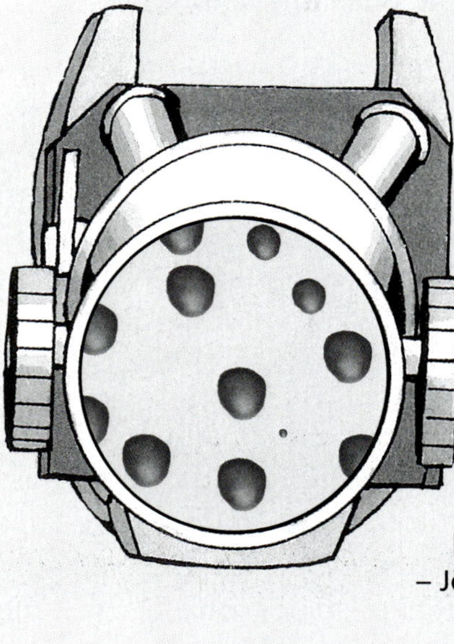

– Dis, et comment fait-on la crème, à partir du lait ?

– Ce n'est pas difficile : la graisse est moins dense que l'eau, de sorte que, si on laisse le lait reposer, les gouttelettes de matière grasse...

– Montent à la surface !

– Exact. À ce moment, il suffit de racler la surface : ce que l'on récupère est la crème fleurette. Et si tu bats la crème...

– Je fais de la crème Chantilly !

– Non, tu fais généralement du beurre, parce que les gouttelettes de graisse dispersées dans l'eau du lait se regroupent. Un peu d'eau reste piégée dans cette masse, qui est du beurre, tandis que le reste de l'eau part dans un liquide blanchâtre qu'on appelle le petit lait.
– Oui, et moi je commence à comprendre pourquoi ma crème Chantilly de la semaine dernière avait un goût de beurre. Il y avait des bulles, mais j'ai dû faire aussi du beurre.
– Comment avais-tu fait ? »

Je lui ai expliqué, et il m'a dit que, la prochaine fois, je devrais mettre mon bol plus longtemps au réfrigérateur, parce que la graisse fige plus rapidement autour des bulles d'air quand elle est bien froide ; le beurre se forme quand on fouette trop longtemps de la crème chaude, et c'est vrai que j'avais fouetté longtemps, parce que je voulais me faire des muscles. Peut-être qu'on ne peut pas avoir les deux : la crème fouettée et les muscles...

Quand j'ai eu faim, j'ai appelé Stéphanie, qui regardait un truc nul à la télé, et je lui ai demandé si elle voulait manger, parce que moi oui. Elle voulait bien, mais, pour faire comme Maman et surveiller sa ligne, qu'elle a dit, elle voulait de la salade.

« De la salade, mais c'est pas suffisant !

– Avec des trucs dedans.

– Des sangliers peut-être, j'ai dit en rigolant. »

Elle a haussé les épaules et je me suis dit que, bon, puisqu'il y avait des œufs, je voulais un œuf dur mayonnaise. C'est toujours ce que Papa mange quand il est pressé. Et c'est bon.

« Steph, tu sais faire des œufs durs mayonnaise ?

– Oui, tu fais des œufs durs, tu les coupes et tu mets de la mayonnaise.

– D'accord, mais comment fais-tu les œufs durs et comment fais-tu la mayonnaise ? »

Elle a grommelé quelque chose, ce qui prouvait qu'elle ne savait pas. Et puis elle est entrée dans la cuisine, avec le gros livre de cuisine :
« Quand on ne sait pas, il n'y a qu'une solution : regarder dans un livre. Regarde à "œuf dur". »

On se fait cuire un œuf

J'ai regardé, et j'ai vu que ça n'était pas très difficile de faire un œuf dur. Ah, ah, la bonne blague : pas dur de faire un œuf dur.

On prends un œuf, on le met dans l'eau chaude pendant dix minutes. Puis on le met dans l'eau froide une dizaine de minutes, on enlève la coquille, et c'est fini. Bon, ça devrait aller, mais moi je veux le jaune bien au centre, sinon c'est pas la peine. Le livre dit que le jaune est bien au centre si on met les œufs dans l'eau bouillante. Je vais faire comme ils disent.

J'ai pris la casserole, je l'ai remplie d'eau, j'ai fait chauffer, et quand l'eau bouillait, j'ai mis les œufs et j'ai attendu les dix minutes. Je n'ai pas eu le temps de m'ennuyer, parce que c'était rigolo, d'observer de petites bulles qui sortaient des coquilles.

Pourtant, après avoir ouvert les œufs, le jaune n'était pas du tout au centre. C'était exagéré ! J'avais fait comme le livre disait, et le résultat n'était celui qui était annoncé. Alors comme j'ai l'esprit d'expérience, comme dit Papa, j'ai pris deux autres œufs, et j'ai recommencé, en faisant bouillir beaucoup plus fort. Le résultat n'a pas été meilleur. Cette fois, je me suis dit que le livre était idiot et qu'il fallait au contraire mettre les œufs dans l'eau froide, et c'est ce que j'ai fait, mais c'était encore pire. Neuf œufs de gâchés ! Stéphanie a dit qu'elle en avait assez, et qu'elle mangerait des œufs même s'ils n'avaient pas le jaune bien au centre.

Moi, ça ne m'allait pas, ces jaunes pas bien placés. Alors j'ai réfléchi, et voilà ce que je me suis dit : si le jaune n'est pas au centre, c'est qu'il flotte ou qu'il coule, dans le blanc, à l'intérieur de la coquille. Et ça, c'était une idée rigolote, alors j'ai voulu avoir l'esprit d'expérience encore plus fort. J'ai mis un jaune d'œuf frais dans un grand verre. Et puis j'ai versé dessus des blancs d'œufs. Plein de blancs d'œufs ! Et là, j'ai vu un truc super : le jaune s'est mis à monter lentement dans les blancs, ce qui prouvait bien qu'il était plus léger. Enfin, pas plus léger, mais moins dense, quoi.

Alors si le jaune flotte dans le verre, c'est qu'il flotte aussi dans le blanc, à l'intérieur de la coquille, et si on cuit l'œuf en le laissant reposer avant de le cuire, le jaune monte en haut de la coquille, et il n'est pas bien centré.

Là j'ai eu une autre idée amusante : j'ai décidé de cuire des œufs en les coinçant avec des fourchettes pour qu'ils restent posés sur le gros bout pendant toute la cuisson. Et quand ils ont été cuits, j'ai coupé les œufs et j'ai vu que le jaune était monté tout en haut de l'œuf, vers le petit bout ! Super ! J'avais réussi à mettre le jaune exactement où je voulais.

Alors maintenant, comment faire que le jaune soit bien au centre ? Fadoche (mon copain Romain, il dit fastoche, lui) : au lieu de laisser le jaune monter à l'intérieur de l'œuf, je vais le bouger pour qu'il monte dans tous les sens et qu'en fait il reste au milieu. C'est ça que j'ai fait, et comme j'étais sûr de mon coup, j'ai fait quatre œufs durs en les mettant directement dans l'eau bouillante et en les faisant rouler pendant

qu'ils cuisaient. Quand je les ai ouverts : 4 sur 4 ! Tous avec le jaune bien centré ! Maman sera fière de moi, même s'il n'y a plus d'œufs dans la maison. D'ailleurs, ça n'est pas vrai qu'il n'y a plus d'œufs dans la maison : il y en a plein dans le réfrigérateur... mais ils sont presque tous durs !

Au fait, et ma mayonnaise ! Comment trouver un œuf frais au milieu des œufs durs ? Je me suis dit que j'allais les peser, mais l'idée n'était pas bonne : les œufs pesaient tous entre 50 et 78 grammes, et je ne savais pas lesquels étaient les plus légers.

Heureusement Stéphanie a été formidable, vous allez voir. Pendant que je prenais les œufs pour les peser, elle en a vu un qui tournait quand je l'ai reposé. Et puis, juste après, un autre qui ne tournait pas. Alors elle s'est dit que les œufs durs, c'était sûrement comme des toupies qui tournent longtemps. Alors que les œufs frais, c'est liquide, au centre, de sorte que si l'on fait tourner la coquille, l'intérieur ne tourne pas (le lendemain, Michel m'a dit que Stéphanie avait raison et que c'est comme mon chocolat au lait du matin : quand on fait tourner le bol, le chocolat ne bouge presque pas).

Alors j'ai commencé à tester tous les œufs en les faisant tourner. Ceux qui tournaient bien, je les mettais d'un côté, et les autres de l'autre côté. Et, à la fin, j'ai vu qu'il ne restait plus que deux œufs frais pour ma mayonnaise.

La mayonnaise

Bon, la mayonnaise, pas de problème : j'en avais déjà fait. Un jaune d'œuf, un peu de moutarde, du sel, du poivre, du vinaigre, et on ajoute de l'huile doucement d'abord, en fouettant. C'est pas dur (en fait, rien n'est vraiment dur, en cuisine, vous ne trouvez pas ?). Mais comme il ne me restait plus beaucoup d'œufs frais, je n'ai pas voulu la rater, et j'ai cherché dans le gros livre de cuisine s'il ne donnait pas un conseil qui permettait de réussir à tous les coups. J'ai d'abord lu un truc que je n'ai pas compris, que la mayonnaise était une "sauce émulsionnée froide". Et puis il était indiqué de mettre tous les ingrédients à la température ambiante, et puis une recette de mayonnaise sans moutarde, où on tournait avec une cuiller en bois en frottant contre les bords de la terrine.

Mmmm... les ingrédients à la température ambiante, je ne sais pas ce que ça veut dire ; et puis "émulsion froide" ? Froide, je ne sais ce que c'est, mais émulsion ? Ce coup-ci, j'ai décidé d'appeler Michel pour lui demander. Il ne refuse jamais d'expliquer.

« Allô, Michel ? Salut. Dis donc, pourrais-tu m'expliquer ce que c'est, une émulsion, toi ? Quoi à cette heure là ? Ben non, je ne sais pas quelle heure il est, mais une émulsion, c'est quoi ? Que j'aille me faire cuire un œuf ? Mais non, c'est déjà fait, même que j'en ai plein, des œufs cuits, et que je veux faire la mayonnaise qui va avec. Mais une émulsion ? »

Finalement Michel m'a expliqué que la mayonnaise c'est une émulsion. Ça veut dire que, dans la mayonnaise, on mélange de l'huile avec l'eau qui est dans le vinaigre, dans la moutarde et dans le jaune de l'œuf. Alors que, d'habitude, l'huile ne se mélange pas à l'eau, dans la mayonnaise on arrive à faire le mélange, mais c'est grâce à des molécules du jaune d'œuf qui ont une partie qui ne se dissout pas dans l'eau, et une partie qui se dissout dans l'eau. Ces molécules viennent enrober les gouttelettes d'huile qui sont formées quand on fouette. Et une mayonnaise, même si ça ne se voit pas, c'est plein de petites gouttelettes d'huile, de gouttelettes microscopiques.

Là, j'ai drôlement remercié Michel, je lui ai dit bonne nuit ; puis je me suis remis à ma mayonnaise. J'ai pris un jaune d'œuf, j'y ai mis de la moutarde, du vinaigre, du sel, du poivre, et j'ai versé l'huile lentement d'abord. Pendant ce temps-là, je tournais à toute vitesse avec une cuiller en bois. Au début, quand j'ajoutais de l'huile, elle ne se mélangeait pas, et puis, quand je tournais assez fort, ça se mélangeait. Pourtant, ma sauce restait liquide, comme une vinaigrette. Alors j'ai décidé d'utiliser un fouet, et là, ça a bien mieux marché : Michel m'a expliqué le lendemain que c'était parce que le fouet

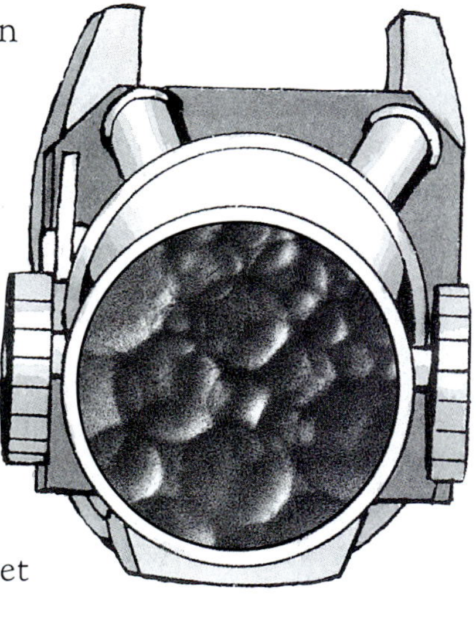

LA MAYONNAISE SANS PEINE

Pour faire une mayonnaise, prends un jaune d'œuf, une cuillerée de moutarde, du sel, du poivre. Mélange à l'aide d'un petit fouet. Puis ajoute une toute petite quantité d'huile, et fouette jusqu'à ce que l'huile soit bien mélangée, et que la sauce soit homogène.

Ajoute à nouveau l'huile, fouette à nouveau, et ainsi de suite jusqu'à ce que la sauce soit bien épaisse. C'est tout, c'est simple, c'est bon.

divise mieux les gouttelettes d'huile que la cuiller en bois. Comme il y a alors plus de gouttelettes d'huile, elles sont plus tassées dans l'eau qu'on a mise, et alors, comme elles sont plus tassées, elles ont plus de mal à bouger, et la sauce est plus épaisse.

Vers minuit moins le quart, j'ai enfin mangé mon œuf dur mayonnaise. Stéphanie dormait déjà, et c'est dommage, parce qu'il va rester de la mayonnaise : j'en avais fait un litre et demi.

Et le dessert ? Je n'ai pas eu de dessert, au fait ! Comme il était tard, j'ai décidé de faire vite : de la tarte aux abricots. Là encore, la recette est simple. J'ai pris du beurre, et deux fois plus de farine que de beurre. J'ai tout mis sur la planche ronde en bois qui est accrochée au-dessus de la table de la cuisine. Dans la pâte à tarte, il faut mettre un peu de sel, sinon le goût n'est pas terrible, et de l'eau. L'eau avec la farine, je sais ce que ça fait, parce que je me souvenais de l'histoire de la colle ; et comme je voulais de la pâte à tarte qui ne colle pas, j'ai préféré mélanger d'abord le beurre et la farine. Et c'était facile, parce que, dans la cuisine, avec la plaque qui chauffait depuis le début de la soirée, il faisait vraiment très chaud : le beurre était déjà tout fondu, et, quand je l'ai mélangé à la farine, ça a vite fait une sorte de semoule. Ensuite, j'ai ajouté de l'eau et j'ai mélangé jusqu'à ce que ça fasse une boule (le lendemain, Michel m'a expliqué que cette façon de procéder, comme il dit, fait une pâte plus friable que si on met l'eau d'abord ; il m'a dit que j'étais un vrai cordon bleu, mais qu'il ne faudrait plus le réveiller en plein milieu de la nuit).

Bref, comme dit Papa, quand j'ai fini la boule, je l'ai mise dans un moule, je l'ai étalée avec le rouleau en bois, et j'ai déposé plein d'abricots du grand saladier, un peu de cannelle parce que ça donne une bonne odeur et plein de sucre. Et j'ai allumé le four à 200 degrés.

TOUTES LES TARTES SE RESSEMBLENT

Pour faire une tarte, c'est simple. Prépare par exemple 100 grammes de farine, 50 grammes de beurre, une grosse pincée de sel, un petit verre d'eau.

Sur une plaque à pâtisserie, met la farine en tas. Creuse un petit trou au centre : déposes-y le sel, une goutte d'eau et le beurre. Puis malaxe le beurre en le frottant avec la farine. Quand tu as obtenu des grains, ajoute de l'eau sans trop travailler, afin seulement de réunir les grains en une boule. Laisse reposer pendant une heure.

Puis étale la pâte dans un moule. Pose les fruits, et enfourne à 200 degrés pendant vingt minutes.

La tarte est devenue marron en un quart d'heure environ. Je l'ai sortie du four, et j'en ai mangé un peu, mais je n'avais plus très faim, à cause des sept œufs durs mayonnaise que j'avais déjà avalés. J'ai proposé de la tarte à Stéphanie, mais elle ne s'est pas réveillée ; alors je lui en ai réservé une part dans une assiette que j'ai posée près de son oreiller, pour si elle avait faim, cette nuit.

C'est bizarre que la pâte brunisse, dans le four. Il faudra que je demande à Michel de...

Oh là, j'entends du bruit? Vite au lit, Papa et Maman rentrent. Déjà qu'il y a du désordre dans la cuisine, mais si en plus ils me trouvent encore éveillé...

Cinquième mercredi soir

Quiche et mousse au chocolat

Jeudi dernier, bonne journée : malgré le désordre, Maman ne nous a pas trop grondés, et, surtout, Michel m'a expliqué pourquoi la tarte brunit au four : encore ses réactions chimiques de Maillard, comme pour le steak grillé. Ça devait être un type super, Maillard, pour donner son nom à tout ce qui est bon dans la cuisine. Moi, ce que j'ai compris, c'est que la farine contient des protéines et, surtout, des molécules avec un nom compliqué : ça se dit polisakaride, et ça s'écrit avec un y, deux c et un h : polysaccharide. Ce mot-là, je l'ajoute à ma collection, sinon je ne m'en souviendrai pas.

Et comme il est vraiment difficile à dire, j'ai demandé à Michel si on pouvait pas dire “molécule de farine”, tout simplement, mais il m'a dit que non, parce que la farine contient plusieurs sortes de molécules, et que seulement certaines d'entre elles sont des polysaccharides.

« D'ailleurs, polysaccharide est un mot compliqué pour désigner des molécules simples. Tu te souviens, les sucres ?

– Oui...

– Eh bien, les polysaccharides de la farine sont des molécules très longues composées de glucose, attaché à du glucose, attaché à encore du glucose, et à encore du glucose, et ainsi de suite mille fois environ.

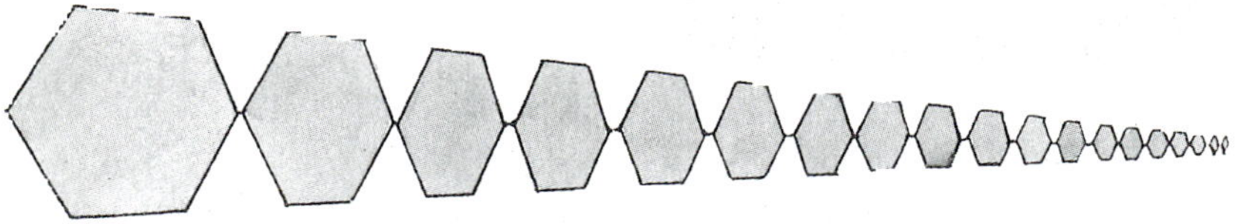

– Ah oui, j'ai dit. Je me souviens du glucose, on en trouve dans le sang et dans les raisins.
– Parfaitement. Dans la farine, ces molécules sont comme les perles d'un collier : glucose, glucose, glucose, glucose... Et naturellement, comme il y a aussi des protéines dans la farine, si tu chauffes, ça fait protéine plus sucre...
– Maillard, j'ai crié ! »

Maman est arrivée en demandant ce que nous étions encore en train de faire, comme bêtise, et on a rigolé quand on a vu son air étonné alors que je lui expliquais qu'on parlait seulement d'un chimiste formidable qui avait découvert pourquoi ce qui était bon était bon. Elle a dit qu'on était aussi fous l'un que l'autre, et elle est repartie en disant même qu'il ne fallait pas s'étonner si la cuisine était une porcherie quand elle rentrait le soir, et que le laboratoire de Michel ne devait pas être très en ordre non plus...

Une semaine s'est passée, et ce soir, quand Papa et Maman sont partis, ils nous ont fait des tas de recommandations : de ne pas nous coucher tard, de ne pas mettre tout l'appartement en désordre, de ne pas faire de choses dangereuses. Nous on a drôlement promis, comme d'habitude, et je me suis dit qu'on tiendrait sûrement nos promesses, parce que j'étais un peu fatigué, d'avoir fait tant de football les jours d'avant.

Avec Stéphanie, nous avons décidé de faire simple : une quiche, parce que nous adorons le lard, et une mousse au chocolat.

Pâte, crème et lard

Pour la quiche, c'est facile : on pose une pâte à tarte dans un moule, et on met dedans un mélange d'œufs battus avec des lardons, de la crème et du fromage. Pour la mousse au chocolat, on regardera dans le livre.

Bon, la pâte, d'abord. Ça, je ne te raconte pas à nouveau, parce que j'ai fait la même que la semaine dernière, pour la tarte aux abricots. Stéphanie a mis la pâte dans le moule et elle a même fait de jolis petits rebords, pendant que je mélangeais trois œufs, des lardons et trois grosses cuillerées à soupe de crème. D'ailleurs, c'est amusant, la crème, parce que Michel m'a dit que c'était de la matière grasse, mais elle se mélangeait bien aux œufs, qui contiennent plein d'eau. Cette fois, comme il n'était pas tard, j'ai encore appelé Michel au téléphone :

« Allô Michel ? Dis-moi, je t'appelle alors qu'il n'est pas trop tard ! Pourquoi la crème se mélange aux œufs, alors que c'est de la graisse ?

– Parce que c'est une émulsion.

– Attends, je ne me souviens pas bien...

– Mais si : des gouttelettes de matière grasse dispersées dans l'eau, avec des molécules spéciales autour des gouttelettes de matière grasse. Nous en avons déjà parlé : la crème est une émulsion, parce que le lait est déjà une émulsion ; dans le lait, la matière grasse est sous la forme de gouttelettes dispersées dans l'eau, et ces gouttelettes ne se mélangent pas les unes aux autres.
– Comme avec la mayonnaise, alors.
– Oui, mais dans le cas du lait, les molécules qui enrobent les gouttelettes de matière grasse sont des protéines particulières qui s'appellent des caséines, tandis que les gouttelettes d'huile, dans la mayonnaise, sont des molécules qu'on appelle lécithine.

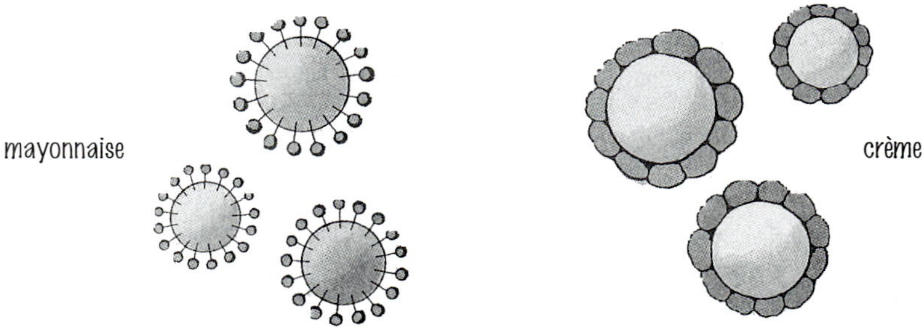

– Lécithine ? J'ai déjà vu ça écrit sur des tas de paquets, dans la cuisine !
– Parfaitement. Et quand tu mélanges la crème aux œufs, tu obtiens encore une émulsion, parce que les gouttelettes de matière grasse restent avec leur enrobage de caséine. Un jour, si tu veux, on regardera tout ça au microscope, et tu verras toutes les gouttelettes de graisse.
– D'accord. Écoute, maintenant je vais finir ma quiche, alors je te dis à demain. »

Je suis reparti à la cuisine. J'ai fait mon émulsion, ou plutôt j'ai transformé mon émulsion crème en une émulsion

LA RECETTE DE LA QUICHE

Pour faire une quiche, commence par faire une pâte : mélange 100 grammes de farine avec 50 grammes de beurre, une pincée de sel. Ajoute alors juste ce qu'il faut d'eau pour obtenir une boule qui ne colle pas aux doigts.

Laisse reposer la pâte un bon moment, puis étale-la et place-la dans un moule.

Dans une terrine, mélange trois œufs, trois cuillerées à soupe de crème, un demi verre de lait, une pincée de noix de muscade, une pincée de sel, du poivre, des lardons et du fromage râpé. Verse cette préparation sur la pâte.

Cuis à 200 degrés pendant vingt minutes.

de crème et d'œufs, plus les lardons, j'ai mis tout ça sur la pâte. Puis nous avons mis la quiche à cuire au four, à 200 degrés pendant vingt minutes.
« Viens, Stéphanie, la quiche est cuite.
– Je n'ai pas fini de brosser les cheveux de Mélanie (c'est sa poupée préférée).
– Tant pis pour toi, elle sera froide.
– Mélanie ?
– Non, la quiche, et puis je vais tout manger.
– T'as pas le droit, sinon je le dis à Maman.
– Bon, alors dépêche-toi. »

On a mangé la quiche, qui était vraiment bonne : ce qui était bon, surtout, c'était que les réactions de Maillard avaient donné bon goût à la pâte. Et les lardons étaient tout bruns.

Les filles à la vanille, les garçons au chocolat

Après avoir tout mangé, nous nous sommes mis au dessert : la mousse au chocolat. Direction le gros livre de cuisine. Nous avons lu : “mettre 150 grammes de chocolat à croquer à fondre au bain-marie”.

Déjà là, nous nous sommes arrêtés, parce que nous ne savions pas ce qu'était un bain-marie. Il a fallu chercher à « bain-marie » pour comprendre que c'était tout simplement un moyen de chauffer lentement. Nous n'avions pas de bain-marie : tant pis, nous avons mis du chocolat dans une casserole et nous avons fait chauffer tout doucement.

D'ailleurs, c'est bizarre que le chocolat fonde ! Sais-tu pourquoi ? Moi j'ai deviné : c'est comme pour le beurre ; d'ailleurs quand nous avons regardé le livre à “chocolat”, nous avons vu que j'avais raison : le chocolat, c'est du beurre de cacao, plus des trucs qui donnent le goût de chocolat.

La recette disait ensuite d'ajouter du beurre dans le chocolat fondu, et c'est facile de comprendre que ça se mélange bien, parce que du beurre plus du beurre de cacao, c'est toujours de la matière grasse, et il n'y a pas de raison que ça ne se mélange pas.

“Quand le mélange est bien lisse, continuait le livre, incorporer rapidement deux gros jaunes d’œufs”. Là non plus, nous n’avons pas fait comme il était écrit, parce que Stéphanie a remarqué que les jaunes allaient cuire dans le beurre qui était chaud. Nous avons donc attendu un peu, et nous avons ajouté les jaunes quand le mélange était seulement tiède.

“D’autre part, disait le livre, monter trois blancs en neige très ferme avec une pincée de sel ; quand ils commencent à mousser, y incorporer 25 grammes de sucre semoule et continuer à battre pour obtenir une neige très ferme”. Là, nous savions comment faire, parce que Maman nous confie toujours les blancs à monter en neige, quand elle cuisine : nous avons pris le batteur électrique, et Stéphanie a fouetté les blancs d’œufs. Au début, ça faisait des grosses bulles, et puis quand elle a continué à battre, les bulles sont devenues de plus en plus petites. Et puis encore après, quand nous avons ajouté le sucre, elles sont devenues si petites qu’on ne les voyait même plus à l’œil nu : il a fallu regarder avec le microscope en plastique que m’a donné Mamie. C’était tout blanc et lisse, mais au microscope on voyait bien que c’était plein de toutes petites bulles.

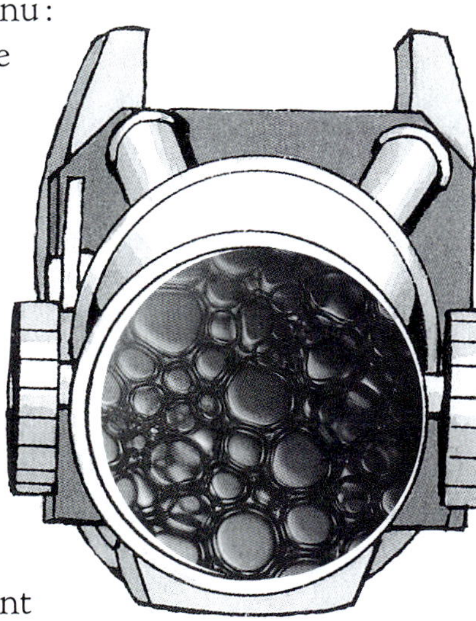

Le livre disait ensuite de mélanger doucement les blancs au chocolat fondu, c’est ce que nous avons fait. Puis il fallait mettre au réfrigérateur pendant douze heures au moins. Catastrophe ! Déjà qu'il était neuf heures et demi ; s'il fallait attendre, il serait neuf heures et demi du matin !

Alors nous avons décidé d'appeler Michel, une fois de plus. Mais il n'était pas chez lui : il y avait le répondeur, qui disait qu'il était à un autre numéro, que j'ai appelé, et là c'était son ami Christian qui m'a répondu. Il est gentil Christian, et il m'a dit qu'il me passait Michel, mais qu'il ne faudrait pas téléphoner trop longtemps, parce qu'ils étaient à table.
« À cette heure-là, j'ai demandé ?
– Oui, à cette heure là. Et toi, à cette heure-là, tu sais où tu devrais être, brigand ?
– Euh, ben, je suis dans la cuisine.
– Eh bien tu devrais être au lit, tu ne crois pas ?
– Dis, tu me passes Michel ?
– Oui.
– Allô, Michel, je pense que je t'embête pas, bon. Dis moi, c'est vrai que les mousses au chocolat, ça doit rester douze heures au réfrigérateur, au moins ?
– Écoute, si c'est pour ça que tu nous déranges...
– Mais c'est important, j'ai dit : on n'a pas eu de dessert !
– Écoute, tu m'ennuies, et tu n'as qu'à la manger dans une heure seulement, ta mousse. Ou non, il est tard, mangez-la dès qu'elle sera froide. Mets-la au congélateur.
– Tu es super, Michel. Et comment ça se fait que le blanc d'œuf fasse de la mousse, quand on fouette (là je lui posais une question maligne, pour me faire un peu pardonner, parce que je sais qu'il aime bien expliquer les choses) ?
– Ah, ça, c'est facile. Dans le blanc d'œuf, il y a des molécules de protéines et de l'eau. Quand tu fouettes, tu introduis des bulles d'air et tu déroules un peu les pelotes que sont les molécules de protéines. Alors ces pelotes

déroulées viennent entourer les bulles : tu obtiens ce qu'on appelle une mousse.
– Oui, je comprends. Et pourquoi les bulles deviennent plus petites quand on fouette plus ? »

Cette fois, Michel m'a dit qu'il devait retourner à table, et qu'on en parlerait une autre fois. Alors je lui ai souhaité très bon appétit et je suis retourné à la cuisine.

Pour la mousse au chocolat, on n'a pas attendu longtemps, et, d'ailleurs, on a bien fait parce que c'était déjà bon : la mousse était froide et bien prise à l'extérieur, tandis qu'elle était tiède à l'intérieur. On s'est bien essuyé la bouche et on est partis se coucher, parce qu'on était fatigués. C'est vrai, avec toutes ces aventures ! Le seul ennui, mais c'est un détail, c'est que Stéphanie a laissé tomber le plat à quiche qu'elle venait de laver, et qu'elle l'a cassé, et

LA MOUSSE AU CHOCOLAT

Mets 150 grammes de chocolat à croquer à fondre doucement dans une casserole. Puis, hors du feu, ajoute 100 grammes de beurre fondu. Quand le mélange est bien lisse et qu'il a un peu refroidi, incorpore rapidement deux jaunes d'œufs.

D'autre part, monte trois blancs en neige avec une pincée de sel ; quand ils commencent à mousser, incorpore 25 grammes de sucre semoule et continue de battre pour obtenir une neige très ferme.

Enfin mélange doucement les blancs en neige au chocolat fondu et laisse reposer au réfrigérateur pendant une nuit.

que j'ai vomi pendant la nuit. Maman a dit que les œufs durs, plus la quiche énorme et la mousse au chocolat, ça n'était pas digeste, mais moi je crois que c'est la fatigue. Demain, c'est dit, je me couche tôt.

Sixième mercredi soir

Gratin de pommes de terre, sauce béchamel et mousse au citron

Jeudi dernier, nous étions un peu barbouillés. Prudents, ce soir nous avons décidé que nous mangerions léger : un gratin de pommes de terre ! Pour le dessert, on verrait plus tard. De toutes les façons, il y avait plein de yaourts dans le réfrigérateur.

Pour le gratin de pommes de terre, j'avais mon idée : j'éplucherais les pommes de terre, je les couperais en rondelles et je les cuirais dans de l'eau bouillante, pour que la chaleur entre dans les cellules, et que les grains d'amidon dans les cellules de pommes de terre fassent comme autant de petites sauces blanches. C'est ce que j'ai fait.

Ensuite, pour faire le bon gratiné du gratin, je me suis dit que ça irait bien avec si je faisais une vraie sauce béchamel que je mettrais sur les pommes de terre, dans le plat à gratin, avec, par-dessus, du fromage.

Gratin et béchamel

Pour faire la sauce béchamel, j'ai pris une casserole, j'y ai mis un peu de beurre, une noix de beurre, comme ils disent, et puis de la farine. Quand c'est devenu marron, je me suis douté qu'il y avait eu des réactions de Maillard, mais je me suis aussi dit qu'il y avait eu du caramel, parce que l'amidon de la farine, avec ses molécules très longues composées de tas de glucose liés les uns aux autres, ça devait sûrement faire du caramel (Michel m'a dit depuis que c'était parfaitement exact).

Bon, quand ce mélange est devenu marron, j'ai ajouté du lait en touillant, et j'ai chauffé jusqu'à ce que la sauce épaississe. Et c'est devenu drôlement épais ! Je me suis demandé pourquoi, mais je me suis retenu de téléphoner à Michel, parce que, la dernière fois, il n'avait pas l'air très content, et que Papa m'a dit qu'il ne fallait pas l'embêter toutes les dix minutes.

Mais quand même, comme je voulais savoir, j'ai regardé dans un livre de chimie que Papa a dans sa bibliothèque, et j'ai lu que l'amidon gonflait considérablement en milieu aqueux chaud (ça, je le savais, puisqu'on avait déjà fait de la colle), que l'amylose, molécule linéaire, passait en solution, et que l'amylopectine restait dans les grains gonflés. Je n'y comprenais rien !

Mais j'ai continué de chercher dans le livre. D'abord j'ai compris que le milieu aqueux, ça veut seulement dire qu'il y a de l'eau : fastoche, pourquoi utilisent-ils des mots si compliqués pour dire des choses si simples ?

Ensuite j'ai lu quelque part que l'amidon était fait de deux sortes de molécules : l'amylose et l'amylopectine. Là encore, c'est des mots compliqués, mais ce qui fait peur, c'est le y et les six syllabes d'amylopectine ; pourtant je ne vais pas avoir peur d'un y minable et de six syllabes, alors que je connais "anticonstitutionnellement". En fait, ces deux sortes de molécules sont presque pareilles, mais l'amylose c'est comme un fil fait de plein de molécules de glucose attachés les unes à la suite des autres, et l'amylopectine, c'est la même chose, mais les glucoses sont attachés en formant des branches, une forme d'arbre, quoi.

Là où j'ai encore mieux compris pourquoi la sauce béchamel gonfle, c'est quand j'ai vu une photo qui avait été prise dans un microscope et où on voyait des grains de farine gonflés dans l'eau, empesés qu'ils disaient : c'était tassé, tassé, si bien que ça ne pouvait pas bouger dans l'eau qu'on avait mise.

Dans ma sauce bien épaisse, j'ai mis plein de crème, parce que la crème, les Normands d'Astérix en mangeaient plein et qu'ils étaient drôlement courageux et forts. J'ai ajouté du sel et du poivre. Stéphanie a mis les pommes de terre à moitié cuites dans le plat, j'ai versé dessus la sauce et elle a saupoudré de fromage. Croyez moi, du fromage, elle

Les grains d'amidon, dans la farine

La farine est composée
de grains d'amidon,
dont voici une photographie.
Chaque grain est formé
de deux sortes de molécules :
des molécules d'amylose
et des molécules d'amylopectine.

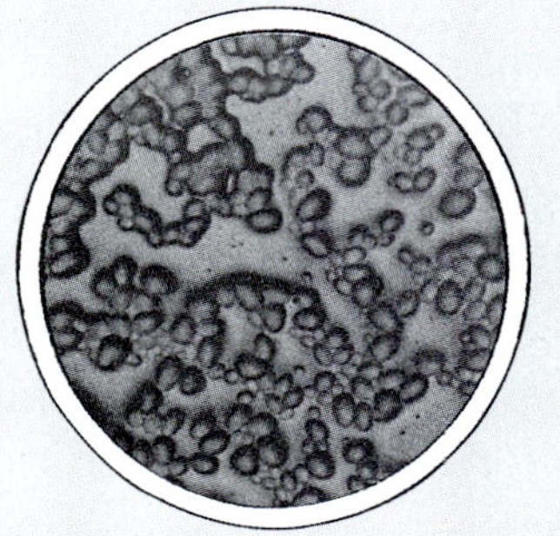

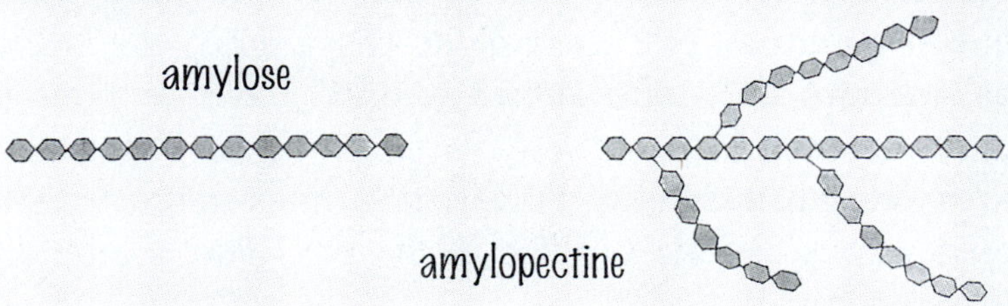

en a mis ! Maman devra en racheter, mais pour qu'elle n'oublie pas, Stéphanie a bien rangé le sachet de fromage vide dans le réfrigérateur. C'est un bon pense-bête, non ?

Alors nous avons mis le plat dans le four, sous le gril, et nous avons vu le fromage qui fondait (nous avons deviné que le fromage était un peu comme du beurre, et Michel nous a confirmé que c'était vrai, mais qu'il ne fallait pas oublier que le fromage, c'était aussi de la caséine, des protéines en pelote, quoi). Quand le dessus du plat est devenu marron, nous avons voulu sortir le plat du four, mais pas moyen de trouver les gants ! Le temps qu'on les retrouve, tout était noir : je te parie qu'il y a du carbone, dans le fromage !

Après avoir fini tout le plat, nous avons décidé de faire de la mousse au citron. Mamie, elle en fait parfois, des mousses au citron, et c'est fameux. J'espère qu'il ne faudra "pas attendre au moins douze heures", comme pour la mousse au chocolat !

Ah, et puis, si nous l'inventions nous-mêmes, cette mousse, nous serions certains de ne pas avoir à attendre "douze heures" !

« Il faut sûrement du citron, a dit Stéphanie.
– Oui, sinon ce ne sera pas une mousse au citron.
– Et puis, il faut que ça soit mousseux.
– Oui : il suffit de battre des blancs d'œufs en neige, en ajoutant du sucre quand la neige est faite, comme pour la mousse au chocolat.
– Oui, mais si on mélange seulement des blancs en neige et du citron, ce ne sera pas très bon. Tu n'as pas une autre idée ?
– Si, j'ai crié : de la crème Chantilly. C'est facile, on fouette de la crème, et ça fait une autre mousse. Mousse de crème Chantilly plus mousse de blanc en neige, ça sera certainement bien !
– Tu crois que c'est la vraie recette ? Mamie m'a dit qu'elle commence par faire un truc qu'elle appelle sabayon au citron...
– Ah bon ?
– Oui, mais je ne me souviens plus comment on fait...
– Il n'y a qu'à regarder dans le livre, alors ? »

Comme des chefs, le sabayon

Nous avons regardé dans le livre à "sabayon", et, une fois de plus, nous avons trouvé une recette très simple : d'abord, mélanger des jaunes d'œufs avec du sucre en poudre et fouetter jusqu'à ce que ça blanchisse. Le livre disait qu'il "fallait faire le ruban". Moi, pour rigoler, j'avais mis un chouchou de Maman dans le sabayon et je criais : « Regarde, Stéphanie, ça fait le ruban. » D'abord elle n'a pas été contente, et puis elle a rigolé en disant qu'il ne faudrait pas oublier de le laver, après avoir mangé la mousse au citron.

On a retiré le chouchou de la casserole, on a ajouté un peu de lait, le jus de quatre citrons, et on a fait chauffer doucement en fouettant toujours. Ça éclaboussait bien un peu, mais à la fin, nous avons obtenu une mousse formidable qui montait à toute vitesse. J'ai vite retiré la casserole du feu et, heureusement, ça s'est arrêté de monter juste avant que ça déborde. Quand c'était un peu redescendu, c'était épais, et mousseux. Mmmm...

Dans ce sabayon au citron, on voyait des bulles. Et, surtout, c'était drôlement bon. On a bien eu envie de le manger comme ça, mais on s'est dit qu'avec les autres mousses, ça serait encore meilleur. Alors Stéphanie a battu les blancs d'œufs en neige (je t'ai déjà expliqué comment on fait), pendant que je battais de la crème en Chantilly (ça aussi, je t'ai déjà expliqué) ; puis nous avons tout mélangé et mis la préparation dans le congélateur. Stéphanie a lu dans le livre qu'il fallait mettre des feuilles de gélatine dans le sabayon chaud, mais comme je sais pas ce que c'est, je le demanderai à Michel demain.

Nous, on a attendu deux heures avant de manger la mousse : le temps de regarder un film et les pubs à la télé. Notre mousse était bonne, mais, au fond, il y avait un peu de liquide et le dessus était très mousseux. C'était moins bon que la mousse de Mamie : elle doit avoir un truc.

Et puis, dans la nuit, je ne sais pas si vous me croirez, mais Stéphanie a été malade. C'est quand même pas juste : nous avions mangé légèrement, puisque c'était de la mousse.

Septième mercredi soir

Soufflé au fromage et quatre-quarts

Aujourd'hui, c'est décidé, nous ferons encore plus digeste que les autres mercredis et nous allons nous mijoter un petit plat de derrière les fagots, comme dit Papa !

Mais avant de faire la cuisine, j'ai des questions à poser à Michel, parce que la semaine dernière, ma mousse au citron avait un petit défaut, et j'aimerais bien en faire d'aussi bonnes que Mamie, la prochaine fois que Papa et Maman partiront. Par chance, Michel est venu à la maison, et quand il a fini de discuter avec Papa, il était de bonne humeur. Je l'ai fait venir dans ma chambre. Là, je lui ai montré un cahier que Maman m'avait donné un autre jour et que j'ai appelé mon cahier de sciences. Ce matin, j'y ai écrit toutes les recettes que j'avais faites et toutes les expériences qu'on avait faites aussi. Il y a déjà plein de pages remplies, mais je vais continuer ; j'ai même réservé des pages spéciales pour les mots les plus beaux, comme amylose, amylopectine ou polysaccharides.

À Michel, j'ai demandé de m'expliquer d'abord pourquoi le sabayon fait une mousse. Il m'a expliqué que le mélange est visqueux, de sorte que le fouet introduit des

bulles d'air qui sont piégées dans le liquide par la cuisson des œufs : un peu comme des cerises dans un clafoutis. C'est pour cette raison qu'on chauffe :
« Il faut chauffer à plus de 68 degrés, m'a dit Michel, parce que c'est à cette température que les jaunes d'œufs cuisent.
– Et qu'est-ce que c'est que cette histoire de gélatine, qu'il faut mettre dans la mousse au citron pour qu'elle tienne mieux ?
– Une feuille de gélatine est composée de molécules de gélatine, qu'on obtient en cuisant de la peau, des tendons ou des os d'animaux dans l'eau chaude. On fait sécher, et on récupère des feuilles ou de la poudre. Ces molécules font un gel, quand on les dissout dans l'eau.
– Un gel, j'ai demandé ?
– Oui, un gel. Rappelle-toi le blanc d'œuf qui cuit. C'est un gel, parce que les molécules de protéines s'enchaînent les unes aux autres, et forment un filet qui emprisonne des molécules d'eau et plein d'autres molécules. La confiture aussi, c'est un gel, mais, comme les gels de gélatine, c'est un gel physique : si tu le chauffes, il fond, et si tu le refroidis, il durcit à nouveau. Au contraire, le blanc d'œuf cuit est un gel chimique : si tu le chauffes, il durcit encore plus.
– C'est bizarre, j'ai dit...
– Ça n'est pas bizarre : dans les gels chimiques, la chaleur provoque des réactions chimiques définitives, mais dans les gels physiques, les liaisons entre les molécules sont des liaisons beaucoup plus faibles, que l'on peut défaire en chauffant. Dans les gels de gélatine, par exemple, les molécules de gélatine sont comme des fils dont les extrémités s'enroulent en hélices les unes autour des autres, ce qui forme un réseau. Mais, quand tu chauffes, les molécules de gélatine gigotent tant que les hélices se défont, et que les molécules de gélatine se dispersent dans l'eau.

– Et combien faut-il de gélatine pour faire le gel de la mousse au citron, j'ai demandé ?
– Très peu : deux feuilles devraient suffire, dans ta recette pour quatre personnes. En fait, l'idéal pour faire de la bonne mousse est de mettre aussi peu de gélatine que possible. Au fait, sais-tu à quoi elle sert, la gélatine, dans ta mousse ?
– Non.
– Eh bien elle tient la mousse gonflée et, en liant l'eau qui s'y trouve, elle évite que cette eau ne retombe.
– Super, comme ça j'aurai pas l'eau du fond ! »

Là il a fallu que je lui explique que ma mousse d'hier s'était un peu défaite avec du liquide au fond et de la

Les gels de gélatine

Regarde cette photographie prise au microscope : on y voit un gel de gélatine. L'eau correspond à la partie sombre, piégée par la gélatine, en blanc.

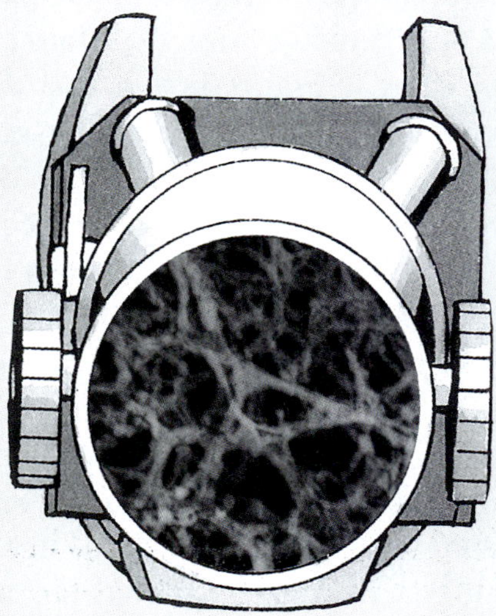

mousse légère au-dessus, et il m'a dit que oui, la gélatine permettrait à la mousse au citron de mieux tenir.

Et puis il est parti en même temps que Papa et Maman.

Tout compte fait, nous allons manger léger, mais bon : pour notre dernier jour tout seuls, il fallait en profiter, et faire un gueuleton, comme dit Papa.

« Au menu, soufflé au fromage, a proposé Stéphanie. Et en dessert, quelque chose dont tu-me-di-ras-des-nou-velles !

– Commençons déjà par faire le soufflé, j'ai dit, parce que ça n'a pas l'air facile : Maman les rate presque toujours ! »

On se lance

Jusqu'à présent, la cuisine a toujours été très fastoche, alors il n'y pas de raison que nous ne sachions pas faire un soufflé. Direction : le gros livre de cuisine. Il n'y avait pas de quoi paniquer : on commence par faire une sauce béchamel (ce que nous savions déjà faire, parce que nous en avions mis dans le gratin, la semaine dernière). J'ai donc pris une casserole, j'y ai mis la farine et le beurre, et puis, quand c'était marron clair, j'y ai mis du lait, j'ai fait chauffer en touillant. Dans la béchamel que j'ai ainsi faite, j'ai ajouté du fromage râpé que Maman avait racheté, du sel, du poivre et une pincée de noix muscade.

Quand c'était refroidi, j'ai ajouté des jaunes d'œufs, et puis, là, j'ai eu une idée. Le gros livre de cuisine disait que les blancs devaient être battus séparément, en neige pas trop ferme. Mais moi, ça m'ennuie, quand un livre me donne des ordres. Alors j'ai décidé que, rien que pour les embêter, je ferais deux soufflés : un avec des œufs battus pas fermes, et un avec des œufs battus très très fermes.

Et c'est ce que j'ai fait. J'ai pris une moitié de ma sauce béchamel au fromage, et je lui ai ajouté deux blancs en neige pas ferme; et, dans un autre plat à soufflé, pareil à l'autre, j'ai mis l'autre moitié de la béchamel au fromage, et j'ai ajouté deux blancs en neige très très très fermes. Si fermes, même, qu'un œuf tout entier, encore dans sa coquille, tenait dessus sans s'enfoncer! J'ai mis les deux soufflés au four, et j'ai compté un quart d'heure dans le four à 190 degrés.

J'étais si impatient de voir ce que ça allait donner que je suis resté devant le four tout le temps de la cuisson. Et là, surprise: le soufflé avec les blancs très fermes a bien plus gonflé que l'autre. Ça, je l'ai écrit dans mon cahier de sciences, et j'écrirai à celui qui a fait le livre pour lui dire qu'il donne de mauvais conseils.

Le soufflé, c'est super, mais ça ne nourrit pas son homme, comme dit Papa. Qu'est-ce qu'on va manger, maintenant?

« Tu vas voir, a dit Stéphanie, je vais te cuisiner un gâteau génial, maintenant.

– Fais-en un léger, alors, j'ai dit, parce que, moi, je suis barbouillé.

– T'en fais pas: je ne mettrai rien que des bonnes choses. Par exemple, des œufs, du beurre, de la farine forcément, et puis du sucre, aussi, bien sûr.

– Oui, mais léger, alors. »

Un gâteau, ça paraît facile, mais je ne sais pas si vous avez essayé : au début, on ne voit pas bien comment s'y prendre. D'accord, on y met du sucre, des œufs, de la farine et du beurre, mais comment fait-on un bon gâteau, avec tout ça ? Stéphanie était perplexe.

Vite : le livre ! Nous y avons trouvé plein de recettes différentes : laquelle choisir ? Finalement nous avons préféré inventer : après tout, avec les soufflés, ça nous avait réussi.

Alors nous avons commencé par mélanger du sucre en poudre et des jaunes d'œufs, et j'ai fait le ruban, comme la semaine dernière avec le sabayon. Puis nous avons mis du beurre fondu, et puis de la farine et du chocolat en poudre. Comme nous avions vu Maman qui faisait gonfler les gâteaux avec un truc qui s'appelle poudre levante, nous en avons mis deux sachets, et puis nous avons ajouté des blancs d'œufs qui nous restaient et que j'avais battus en neige. J'ai beurré un moule à gâteau, j'y ai mis du sucre en poudre pour couvrir les parois et que ça monte mieux, Stéphanie y a mis le mélange, et nous avons cuit à 180 degrés pendant 25 minutes. Pourquoi 180 degrés ? Parce que cette température avait bien marché avec les soufflés, mais que le gâteau était un peu plus gros, alors il fallait plus de 20 minutes.

Dans le four, ça gonflait, ça gonflait ! Stéphanie était contente, elle qui voulait quelque chose de léger. Dès que les 25 minutes ont été écoulées, nous avons démoulé, et nous avons laissé refroidir un peu. Puis nous avons coupé le gâteau en deux moitiés égales et nous avons emporté nos moitiés devant la télévision, pour les manger en regardant un film. Il était super bon : Stéphanie en a regretté de ne pas en avoir plus ; elle disait qu'il était dé-li-cieu-se-ment-lé-ger.

LE SOUFFLÉ AU FROMAGE ? UN JEU D'ENFANT

- Pour faire un soufflé au fromage, commence par faire une sauce béchamel : dans une casserole, mets 50 grammes de farine et 50 grammes de beurre ; laisse roussir doucement à feu doux.
- Puis, ajoute 20 centilitres de lait et tourne jusqu'à ce que le mélange épaississe.
- Puis laisse refroidir un peu, et ajoute 100 grammes de fromage râpé, et trois jaunes d'œufs.
- Bats séparément les trois blancs en neige très ferme. Puis ajoute-les à la béchamel au fromage refroidie.
- Mets le tout dans des ramequins beurrés et farinés, et cuis pendant 20 minutes à 180 degrés. Facile, non ?

Pourquoi les soufflés gonflent

J'ai observé le soufflé qui cuisait, à travers la porte du four et à travers le plat à soufflé, en verre. J'y ai vu des bulles qui se formaient; celles qui apparaissaient en bas du plat poussaient le soufflé vers le haut, tandis que les bulles qui se formaient en haut venaient exploser à la surface.

« C'est quoi, ces bulles, Michel ?

– Réfléchis un peu : à quelle température as-tu cuit tes soufflés ?

– 180 degrés.

– Et à quelle température l'eau bout-elle ?

– 100 degrés.

– Alors que peuvent être ces bulles ?

– De la vapeur ?

– Parfaitement !

– Mais d'où vient-elle, cette eau qui bout ?

– Celle du lait de ta sauce béchamel et aussi celle des œufs. »

Épilogue

Comme des chefs!

Ce matin, jeudi, Stéphanie et moi, nous nous sommes réveillés dès six heures, mais Papa et Maman ont eu du mal à se lever. Stéphanie sentait très bon, parce qu'elle avait voulu laver toute seule sa chemise de nuit qu'elle avait taché en mangeant le soufflé, hier soir, et elle n'avait pas lésiné sur la lessive. Je crois que, quand elle fera ses courses, Maman pourra acheter de la lessive.

Après son petit déjeuner, Papa a dit que des soirées comme ça, il n'en voulait plus et qu'il s'efforcerait désormais de rester le soir à la maison et de refuser les invitations à dîner. « C'est sûr, j'ai dit : tu as deviné que nous sommes devenus des cuisiniers formidables ». Maman m'a dit que oui, mon chéri, c'est sûrement pour ça, mais je n'ai pas compris pourquoi elle retardait le moment de ranger la cuisine.

Et puis, à midi, Michel est venu déjeuner avec Mamie et une amie à lui. Et pendant le déjeuner, j'ai occupé Michel, ce qui l'a empêché de s'ennuyer à table.

D'abord, je lui ai demandé si j'avais bien deviné, pour le gonflement du soufflé avec l'histoire de la vapeur, et il a fait un petit calcul sur un carnet qu'il a toujours dans sa poche, et il m'a dit que oui, seulement un tiers du gonflement pouvait s'expliquer par le gonflement de l'air, et que le reste provenait nécessairement de la vapeur qui se formait.

Ensuite je lui ai raconté mon expérience avec les deux soufflés, et les blancs fermes dans un et pas dans l'autre. Et là, Papa a dit qu'il comprenait pourquoi il avait des notes d'électricité pharamineuses. Mais moi je n'ai pas fait attention, et Michel m'a expliqué que, quand les blancs en neige sont très fermes, les bulles sont plus petites, de sorte que la mousse, la neige si tu veux, est plus stable et la surface d'échange est supérieure.

Pas de panique, je t'explique : quand les bulles sont petites, d'abord, elles tiennent mieux dans la mousse, comme dans l'eau gazeuse, où les petites bulles restent accrochées sur les parois, tandis que les grosses bulles se détachent et montent éclater en surface. D'autre part, la surface d'échange qui augmente, ça veut dire que, comme il y a plus de parties où la pâte du soufflé est à côté de l'air, l'eau qui est dans le soufflé peut s'évaporer davantage dans les bulles d'air déjà présentes. Moi, je n'avais pas compris tout de suite pourquoi il y a plus de surface comme ça, d'échange, mais Michel m'a fait un petit dessin, un peu comme ça :

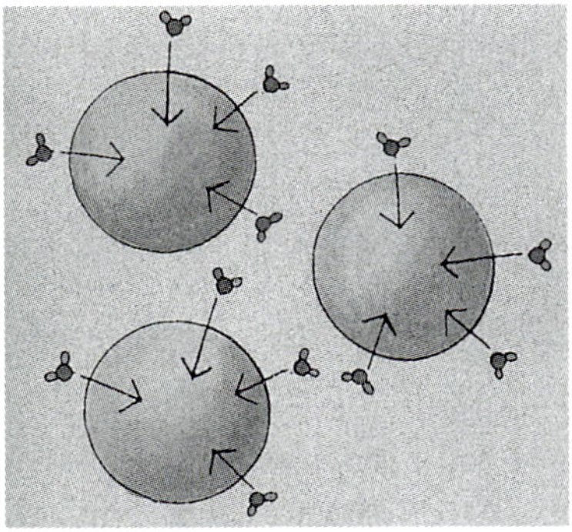
blancs pas fermes : peu d'évaporation

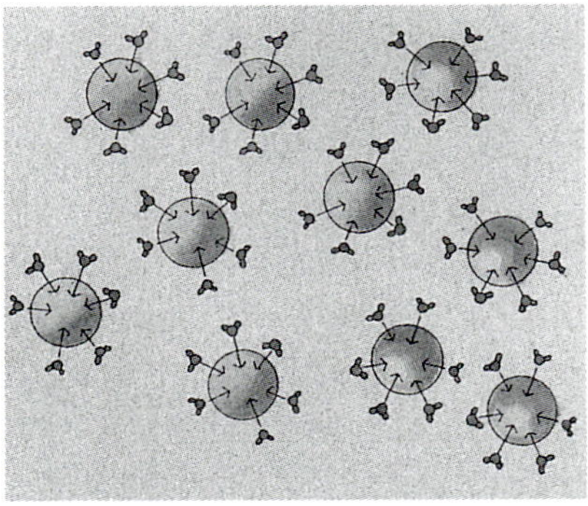
blancs fermes : beaucoup d'évaporation

Bon, ça c'était pour le soufflé. Pour le gâteau que nous avions inventé, j'avais aussi des questions.
« Laisse donc ton oncle finir son assiette, a dit Maman.
– Oui, j'ai dit, mais moi au moins j'essaye d'élever la conversation. Michel, dis, la poudre levante, c'est quoi ?
– D'abord, ça n'est pas de la levure, contrairement à ce qui est souvent écrit sur le paquet, a répondu Michel la bouche pleine, et il y a de petits morceaux qui sont allés presque jusqu'à la robe de Mamie, qui lui a fait des gros yeux. Pardon, Maman, il a dit. Tu te souviens, Martin, des levures : c'étaient des cellules vivantes, qui font du gaz quand elles ont de quoi manger. La poudre levante, elle, c'est seulement un mélange de produits chimiques qui font une réaction chimique, en libérant du gaz, quand on chauffe dans un peu d'eau. Comme quand on met de la craie dans du vinaigre. As-tu déjà fait l'expérience ?
– Non.
– Eh bien, ça fait également… Eh, où vas-tu ?
– Chercher de la craie, puisqu'il y a du vinaigre sur la table,

j'ai dit, en courant regarder dans mon sac d'école, où effectivement il y avait un bout de craie. Et en revenant à table (où Papa m'a grondé parce que j'étais sorti de table sans avoir la permission), j'ai rapporté un verre supplémentaire. J'y ai mis la craie. Michel a versé du vinaigre, et c'était vrai : nous avons vu des bulles. Michel m'a expliqué que ces bulles étaient du même gaz que celui qui est formé par la poudre levante, du dioxyde de carbone, dont les molécules sont composées d'un atome de carbone et de deux atomes d'oxygène.
– Et où est-il caché dans la craie, le dioxyde de carbone ?
– Il n'y est pas, mais ses atomes y sont : quand tu mets la craie dans le vinaigre, le vinaigre fait une réaction chimique avec la craie. Attends un peu, je t'explique : la craie est composée d'atomes de calcium, d'atome de carbone et d'atomes d'oxygène.
– Je comprends, j'ai crié (Mamie a sursauté) ! À cause du vinaigre, l'atome de carbone part en emportant deux atomes d'oxygène.
– Bravo, chimiste ! »

Moi, j'ai bien envie de voir mes copains tout de suite pour leur raconter tout ce que je sais, maintenant. Surtout mon copain Nicolas, qui a un père ingénieur et qui a eu une boîte de petit chimiste pour Noël. Avec lui, on pourra faire des tas de nouvelles expériences de chimie.

Michel m'a dit qu'il faudrait faire attention, mais je l'ai rassuré : nous ferons de la cuisine, puisque c'est exactement la même chose.

FICHES EXPÉRIMENTALES

Tu n'as aucun matériel scientifique, mais tu veux faire de la physique et de la chimie dans ta cuisine ? Voici quelques expériences amusantes et sans danger.

Réunis d'abord le matériel indiqué : rien n'est plus énervant que d'être arrêté dans un élan expérimental, faute d'un ustensile ou d'un ingrédient. Puis, suis le protocole (c'est ainsi que l'on nomme les « recettes », en science).

Record de mayonnaise

Sais-tu combien on peut préparer de mayonnaise à partir d'un seul jaune d'œuf? Les livres de cuisine mentionnent souvent qu'on obtient au maximum un grand bol de mayonnaise, et ils préviennent que la sauce tourne si l'on ajoute davantage d'huile. Cette expérience va te permettre de battre des records de mayonnaise.

Matériel :

- Deux saladiers
- Un œuf
- Un bol
- Une cuillerée de moutarde
- Un fouet
- De l'huile
- De l'eau

Protocole :

1. Dans un grand saladier, mets une cuillerée de moutarde et un jaune d'œuf (garde le blanc dans le bol, pour une des expériences suivantes). Fouette un peu : la moutarde et l'œuf se mélangent.

Le mélange de la moutarde et du jaune d'œuf est facile à comprendre. La moutarde est obtenue par broyage de graines de moutarde dans du vinaigre et du vin ; or le vin est essentiellement composé d'eau, comme le vinaigre. D'autre part, le jaune d'œuf est une dispersion de molécules de diverses sortes dans de l'eau. Comme l'eau se mélange à l'eau, la moutarde se mélange au jaune d'œuf.

2. Puis ajoute quelques gouttes d'huile. Tu observes que l'huile ne se mélange pas à l'œuf.

Cette fois, on tente l'impossible : le mélange de moutarde et de jaune d'œuf, nous l'avons vu, contient de l'eau, mais l'huile ne se mélange normalement pas à l'eau (pour t'en convaincre, secoue un mélange d'eau pure et d'huile dans un bocal à confiture fermé : tu verras que l'huile surnage, dès que tu as arrêté de mélanger).

3. Fouette vigoureusement : tu observes que l'huile se mélange.

Et là, c'est le « miracle du jaune d'œuf » : en sa présence, l'huile fouettée dans l'eau forme une sauce apparemment homogène, c'est-à-dire bien mélangée. En fait, le microscope montrerait que le mélange n'est pas réel : l'huile a seulement été divisée en gouttelettes microscopiques, entourées de certaines molécules du jaune d'œuf ; les gouttelettes ainsi recouvertes se sont dispersées dans l'eau.

4. Ajoute à nouveau un peu d'huile. Puis fouette pour redonner à la sauce son apparence homogène. Ajoute encore de l'huile, puis fouette, et ainsi de suite jusqu'à ce que la sauce devienne épaisse. Fais attention de ne rajouter de l'huile que lorsque toute l'huile précédemment ajoutée a été incorporée et que ta sauce est bien lisse.

La sauce devient épaisse, parce que la petite quantité d'eau apportée initialement par le jaune d'œuf et par la moutarde est pleine de gouttelettes d'huile. Quand ces gouttelettes sont nombreuses, elles sont tassées, et quand elles sont tassées, elles ont du mal à bouger : la sauce tout entière, qui ne bouge que si les gouttelettes bougent, s'écoule difficilement ; elle est ferme.

5. À ce stade, divise la mayonnaise en deux moitiés à peu près égales. Dans le premier saladier, où tu auras mis la moitié de la mayonnaise, continue d'ajouter de l'huile et de fouetter. Au bout d'un moment, la mayonnaise tourne.

Quand il n'y a plus de place dans l'eau pour accueillir de nouvelles gouttelettes d'huile, la sauce « tourne » : l'huile et l'eau se séparent, et la mayonnaise redevient liquide.

6. Dans l'autre saladier, où tu auras mis l'autre moitié de la sauce, ajoute une cuillerée à café d'eau. Fouette, puis ajoute de l'huile en fouettant jusqu'à ce que la sauce redevienne ferme. Arrête alors d'ajouter de l'huile, remets une cuillerée d'eau, et reprends l'ajout d'huile, et ainsi de suite... jusqu'à ce que la sauce tourne.

Quand tu ajoutes de l'eau à une mayonnaise bien ferme, où les gouttelettes d'huile étaient tassées, la mayonnaise redevient liquide, parce que les gouttelettes d'huile ont de nouveau de la place pour bouger. C'est pourquoi tu peux ajouter à nouveau de l'huile. Et quand la sauce devient à nouveau ferme, c'est la preuve qu'à nouveau les gouttelettes d'huile n'ont plus de place : on rajoute de l'eau pour leur redonner un peu de place, de sorte que l'on peut, à nouveau, remettre de l'huile, toujours en fouettant vigoureusement.

En fin d'opération, la sauce tourne, non pas parce que l'eau manque, mais parce qu'il n'y a plus assez de molécules du jaune d'œuf pour entourer les gouttelettes d'huile.

7. Ne jette pas les mayonnaises ratées : conserve-les pour faire l'expérience suivante.

Rater et rattraper une mayonnaise

Les livres de cuisine indiquent souvent que, pour rattraper une mayonnaise qui a tourné, il faut prendre un autre œuf et se servir de la mayonnaise ratée comme s'il s'agissait d'huile. Ici, tu vas apprendre à rater exprès une mayonnaise, parce que tu sauras comment la rattraper. Je te lance un défi : combien de fois, au maximum, parviendras-tu à rater et à rattraper la même mayonnaise en n'utilisant que les ingrédients indiqués ci-dessous ?

Matériel :

- Deux grands bols
- Une cuillerée à café de moutarde
- Une cuillerée à café de vinaigre.
- Un litre d'huile
- Un fouet
- Un jaune d'œuf

Protocole :

1. Dans un bol, mets un jaune d'œuf, une cuillerée à café de moutarde et une cuillerée à café de vinaigre. Mélange.

Pour l'explication de ces gestes, voir l'expérience précédente.

2. Puis ajoute une goutte d'huile, fouette jusqu'à ce que le mélange soit fait, ajoute à nouveau de l'huile, fouette encore, et ainsi de suite jusqu'à ce que le bol de mayonnaise soit à demi plein.

Pour les explications du procédé, voir l'expérience précédente.

3. Ajoute maintenant une grande quantité d'huile, mélange doucement sans fouetter. Puis fouette.

Une façon de rater une mayonnaise consiste à ajouter une grande quantité d'huile d'un coup, et à ne pas fouetter : de la sorte, on ne divise pas l'huile en gouttelettes, et le mélange de l'huile à la mayonnaise déjà préparée conduit à la dissociation de la mayonnaise déjà faite : on voit l'huile monter lentement en surface, tandis que l'eau tombe au fond du bol. La mayonnaise est ratée.

4. Pour rattraper la mayonnaise ratée, attends que l'huile soit bien montée en surface. Puis verse-la doucement dans un autre bol, afin de garder au fond du premier bol la petite quantité d'eau qui était tombée au fond.

Cette opération se nomme un décantage. Elle n'a rien de difficile, et te permet de séparer les deux ingrédients qui ne se mélangeaient plus.

5. Fouette l'eau restée au fond du premier bol, jusqu'à ce que toutes les traces d'huile qui restaient dans le bol y soient bien mélangées.

Cette opération consiste à reprendre la mayonnaise. On commence avec l'eau, et un tout petit peu d'huile.

6. Ajoute alors doucement, en fouettant, l'huile que tu as décantée dans l'autre bol.

Là tu poursuis normalement la confection de la sauce. Quand tu as bien refait la sauce, tu pourras t'amuser à la faire rater à nouveau, avant de la reprendre, à faire rater encore, et ainsi de suite. À ce jour, mon record de ratages et de rattrapages est de sept. Feras-tu mieux ?

La mayonnaise sans jaune d'œuf

Cette expérience montre que le traditionnel jaune d'œuf employé dans les recettes de cuisine n'est pas indispensable, pour faire une sauce qui ressemble à une mayonnaise. C'est une exploration des "émulsions" qui t'est proposée ici.

Matériel :

- Un œuf
- Un grand bol transparent
- Un fouet
- De l'huile

Protocole :

1. Commence par mettre un peu d'eau et d'huile dans le bol, et fouette vigoureusement. L'eau et l'huile se mélangent-ils ?

Tu verras que, lorsque tu fouettes, l'eau et l'huile se mélangent ; le mélange devient trouble. Mais dès que tu as cessé de fouetter, l'eau tombe au fond du bol, tandis que l'huile remonte. Après quelques secondes, il ne reste plus que quelques gouttes d'eau dans l'huile et quelques gouttes d'huile dans l'eau. Et, finalement, l'eau et l'huile se séparent complètement.

2. Reverse l'huile dans la bouteille. Jette l'eau et met un blanc d'œuf dans le bol. Puis ajoute une demi cuillerée à café d'eau. Qu'observes-tu ?

Tu observes que l'eau se mélange immédiatement au blanc d'œuf. C'est normal : le blanc d'œuf est lui-même constitué presque exclusivement d'eau.

3. Ajoute maintenant une goutte d'huile. Qu'observes-tu ?

L'huile reste au-dessus du blanc d'œuf : c'est normal, car la manipulation initiale nous a montré que l'huile et l'eau ne se mélangent pas.

4. Fouette l'huile et le blanc d'œuf.

Tu observes la formation d'une mousse, parce que le fouet introduit de l'air dans le blanc d'œuf. Simultanément l'huile est incorporée au blanc d'œuf. Un microscope montrerait que l'huile est en fait dispersée dans l'eau qui compose le blanc d'œuf sous la forme de gouttelettes microscopiques.

5. Ajoute à nouveau de l'huile, fouette. Puis quand toute l'huile semble mélangée, ajoute encore de l'huile, fouette, et ainsi de suite jusqu'à obtenir une sauce blanche et ferme.

Tu observes que les bulles d'air disparaissent progressivement, tandis que le blanc d'œuf prend une apparence crémeuse. Le microscope montrerait que les gouttelettes d'huile sont nombreuses et tassées. Tu as ainsi réussi à fabriquer ce que l'on nomme une émulsion, comme l'est la mayonnaise. La différence, c'est que les gouttelettes d'huile sont enrobées de molécules apportées par le jaune d'œuf, dans le cas de la mayonnaise, tandis qu'ici les gouttelettes d'huile sont enrobées de molécules apportées par le blanc d'œuf: des « protéines ».

La fermeté de la mayonnaise

Poursuivons avec cette expérience notre exploration des "émulsions". Nous verrons que le monde du tout petit est souvent plus important qu'on ne le croit.

Matériel :

- Deux bols
- Une cuiller en bois
- Un mixer plongeant
- Une fourchette
- Un fouet
- De l'huile
- Deux œufs

Protocole :

1. Dans un bol, mets une cuillerée de moutarde, une cuillerée à café de vinaigre, et un jaune d'œuf. Mélange doucement, à l'aide de la cuiller en bois.

Il s'agit là d'un début de mayonnaise tout à fait classique.

2. Puis ajoute de l'huile, touille jusqu'à ce qu'elle soit bien intégrée, que la sauce soit « homogène ». Ajoute alors à nouveau de l'huile, remue à nouveau, et ainsi de suite, afin de confectionner un petit bol de mayonnaise.

La cuiller en bois pour confectionner la mayonnaise, ce n'est pas l'instrument idéal : la mayonnaise reste très liquide. Pourquoi utilise-t-on la cuiller, au fond ? Pour diviser l'huile en petites gouttes ? La seule façon d'y parvenir, c'est... continue de suivre le protocole.

3. À ce stade, ta mayonnaise est sans doute très liquide. Pour qu'elle devienne bien ferme, presse-la longuement contre les bords de la terrine.

C'est pénible, mais finalement, on parvient à écraser les gouttelettes (invisibles à l'œil nu) et à les multiplier. En se donnant beaucoup de mal, on parvient à obtenir une mayonnaise blanche et ferme.

4. Dans un autre bol, mets une cuillerée à café de vinaigre, une cuillerée à café de moutarde et un jaune d'œuf. Mélange à la fourchette.

On commence ici la préparation d'une autre mayonnaise.

5. Ajoute alors l'huile en fouettant avec la fourchette jusqu'à ce que tu obtiennes un demi bol de mayonnaise.

Cette fois, le travail est plus facile, mais la mayonnaise reste un peu liquide : quatre dents de fourchette, ça ne brasse pas bien la sauce et ça divise mal les gouttelettes d'huile.

6. Échange maintenant ta fourchette contre un fouet, et fouette vigoureusement.

Le fouet de cuisine, pour fouetter une sauce, c'est mieux que la fourchette, parce que les fils qui le composent sont généralement plus nombreux que les dents d'une fourchette : les gouttelettes d'huile sont mieux divisées et tu observes que la mayonnaise devient plus ferme. Le fouet est manifestement mieux approprié que la fourchette ou que la cuiller en bois. Si tes parents vont un jour acheter un nouveau fouet de cuisine, conseille-leur un fouet avec le plus de branches possibles, et un gros manche, car on tient mieux l'ustensile, sans se fatiguer.

7. Enfin, donne un coup de mixer plongeant dans tes deux mayonnaises. Qu'observes-tu ?

Elles blanchissent et deviennent très fermes. Au microscope, tu verrais qu'elles sont composées de très petites gouttelettes. Les physiciens ont prouvé que la taille des gouttelettes dépend de l'énergie d'agitation. Voilà pourquoi le mixer est plus efficace. Mais attention, des biologistes ont montré que le goût d'un aliment change avec sa texture : une mayonnaise rendue ainsi plus ferme a un goût un peu différent de la même mayonnaise avant le battage.

La confection d'un fromage

Faire soi-même son fromage ! Lui donner le goût qu'on aime ! Voilà de quoi épater ta famille. Et pourtant, tu le verras, ce n'est pas difficile. Le plus compliqué, ce sera de te procurer un flacon de présure, mais tu peux généralement le commander chez le pharmacien.

Matériel :

- Une grande jatte
- Un grand saladier
- Une fourchette
- Du lait entier cru
- Un torchon
- Un petit flacon de présure (à chercher en pharmacie)

Protocole :

1. Mets de l'eau chaude au fond d'une grande jatte, puis déposes-y le saladier, où tu verseras un litre de lait entier cru, et quelques gouttes de présure (lis le mode d'emploi de la présure).

Le lait est composé de gouttelettes de matière grasse dispersées dans de l'eau. Ces gouttelettes sont séparées les unes des autres par ce que l'on nomme de la caséine, des molécules qui se rassemblent en petites sphères, qui se dispersent dans l'eau, pour certaines, ou tapissent la surface des gouttelettes, pour d'autres. Des forces électriques repoussent les gouttelettes de matière grasse ainsi recouvertes de caséine.

2. Laisse le saladier dans l'eau chaude pendant une heure environ. Puis trempe une fourchette dans le lait. Qu'observes-tu ?

Le lait, qui était liquide, est remplacé par une masse solide, que la fourchette découpe facilement, en laissant derrière elle des sortes de blocs durs. Un liquide aqueux et blanchâtre entoure ces blocs. Ce qui s'est passé, c'est que les molécules de la présure ont coupé la caséine, et supprimé les forces électriques. Les gouttelettes de matière grasse se sont agrégées, formant du fromage frais ; l'eau qui l'entoure, c'est le petit lait.

3. Verse le contenu du saladier dans un torchon que tu suspends en l'attachant au-dessus d'un évier, afin qu'il perde son eau.

Tu obtiens un fromage frais que tu peux saler ou sucrer, additionner de ciboulette hachée, de noix, de persil, de thym... À toi d'imaginer ce que tu aimerais mettre dedans.

La béarnaise au chocolat et le chocolat chantilly

Cette fois, nous préparons deux desserts d'un coup : une sauce au chocolat, et une mousse au chocolat... ou, plutôt, une mousse de chocolat. Tu verras la nuance. Pour ces expériences, il faut chauffer, mais je suis sûr que l'on peut te faire confiance (ce sont ceux à qui l'on ne fait pas confiance qui finissent par faire de grosses bêtises, n'est-ce pas ?).

Matériel :

- Une casserole
- Un petit fouet
- Un peu d'eau
- Une petite tasse à café
- Une plaquette de 400 grammes de chocolat à croquer
- Une plaque chauffante
- Un verre doseur
- Une feuille de gélatine
- Un saladier
- Des glaçons

Protocole :

1. Dans une casserole de 20 centimètres de diamètre environ, mets 20 centilitres d'eau froide et une feuille de gélatine.

Tous les cuisiniers savent que la gélatine fait d'abominables fils quand elle n'a pas trempé, avant son utilisation, dans l'eau froide. Saurais-tu inventer une expérience pour savoir s'ils disent vrai ?

2. Quand la gélatine est ramollie, chauffe doucement et ajoute 225 grammes de chocolat à croquer divisé en carrés. Chauffe doucement en frottant le fond de la casserole, afin que le chocolat n'attache pas.

Si l'on y réfléchit bien, le mélange du chocolat fondu et de l'eau est presque miraculeux : après tout, le chocolat est composé de beaucoup de beurre de cacao qui, tout comme l'huile, ne se mélange pas à l'eau. Alors pourquoi obtient-on ici une sauce homogène ? Pour la même raison que l'on obtient une mayonnaise quand on fouette de l'huile dans l'eau... à condition que l'on ait ajouté du jaune d'œuf. Ici c'est la gélatine qui remplace le jaune d'œuf de la mayonnaise : les molécules de gélatine viennent enrober les gouttelettes de beurre de cacao fondu. On obtient une émulsion de chocolat.

3. Quand tout le chocolat est fondu et que la sauce est homogène, verses-en un peu dans la tasse à café, et conserve le reste dans la casserole, hors du feu.

Laisse la sauce au chocolat, nommée béarnaise au chocolat, dans la tasse à café sans la remuer : en refroidissant, la gélatine va faire une gelée, tandis que le chocolat va durcir ; tu obtiens un gel chocolaté délicieux.

4. Mets des glaçons dans le saladier, et pose la casserole dessus. Fouette la béarnaise au chocolat en frottant bien le fouet contre le fond, afin que la sauce n'y attache pas en refroidissant. Après un moment, tu verras la couleur s'éclaircir légèrement : fouette alors plus fort, et arrête dès que tu vois que le fouet laisse des traces dans la préparation. Goûte : tu as obtenu une mousse.

Le fouet introduit des bulles d'air dans la préparation, et tu obtiens ainsi une mousse, mais cette mousse n'est pas une mousse au chocolat ; c'est une mousse de chocolat, puisque c'est le chocolat qui mousse, et non un autre ingrédient (crème ou blanc d'œuf) qu'on y aurait introduit.

Enquête : quel est le volume maximal d'un blanc en neige ?

Quel volume maximal de blanc en neige peux-tu obtenir avec un seul blanc d'œuf ? Voilà encore un concours. Tu verras toutefois ici qu'il existe un moyen de battre tous les records.

Matériel :

- Trois grands bols
- Un fouet
- Trois œufs
- De l'eau

Protocole :

1. Dans un grand bol, mets un blanc d'œuf et fouette jusqu'à ce que le blanc en neige soit bien ferme.

Le fouet introduit des bulles d'air dans l'eau du blanc. Ce que l'on ne voit pas, c'est que des molécules du blanc d'œuf entourent les bulles d'air. C'est pour cette raison que de l'eau pure que l'on fouette ne fait pas de mousse, contrairement au blanc d'œuf.

2. Dans un second bol, mets un blanc d'œuf, et ajoute deux cuillerées à soupe d'eau. Fouette. Qu'observes-tu ?

Le volume de mousse que tu obtiens est bien supérieur à celui que tu avais eu précédemment. C'est la preuve que le volume maximal d'un blanc en neige est limité par la quantité d'eau du blanc.

3. Prends alors le troisième bol, mets-y le dernier blanc d'œuf, et environ trois fois son volume d'eau. Fouette.

Tu observes que le volume est encore supérieur, mais que la mousse est beaucoup plus fragile. En effet, la stabilité d'une mousse dépend de la viscosité du liquide qui sépare les bulles. Quand on ajoute trop d'eau au blanc, il devient très fluide, et l'eau tient moins bien dans la mousse.

Acides et bases: les frères ennemis révélés par le chou rouge

Tu crois que la chimie est une science difficile ? Oublie cette idée : nous allons en faire ici à l'aide... d'un chou rouge ! Tu connais les acides : le citron, par exemple, est acide ; le vinaigre, aussi. Ceux-là sont des acides comestibles, mais il y en a dont il faut se méfier : l'acide chlorhydrique, qui s'achète en droguerie, n'est pas de ceux dont on fait son repas, par exemple.

Tout comme le chaud est l'opposé du froid, tout comme le sec est l'opposé de l'humide, tout comme le dur est l'opposé du mou, les acides ont des opposés, qui se nomment les bases. La poudre blanche que l'on achète en supermarché sous le nom de bicarbonate de sodium, par exemple, est une base.

Ici, nous allons utiliser un chou rouge pour dépister les acides et les bases.

Matériel :

- Un morceau de chou rouge
- Une plaque chauffante
- De l'eau
- Un entonnoir
- Une casserole
- Un filtre à café
- Une bouteille vide

Protocole :

1. Dans une casserole, mets un quart de litre d'eau environ, et du chou rouge coupé en petits morceaux. Fais bouillir.

Cette opération extrait du chou rouge des molécules rouges. C'est pour cette raison que l'eau rougit progressivement. Cette opération est analogue à celle que les buveurs de thé effectuent quand ils mettent des feuilles de thé dans l'eau bouillante : c'est une décoction.

2. Après une ou deux minutes, l'eau est devenue rouge. Retire la casserole de la plaque chauffante et attends que l'eau refroidisse.

Avant de nous débarrasser du chou, qui ne sert plus à rien, et de garder ses molécules colorantes dans l'eau, on laisse refroidir pour éviter les accidents de travail.

3. Pose un entonnoir sur le goulot de la bouteille et mets un filtre à café dans l'entonnoir. Verse le contenu de la casserole dans le filtre.

Tu récupères ainsi un liquide rouge, qui va te servir à savoir si un liquide est un acide ou une base. Patience, nous y arrivons tout de suite.

4. Dans un verre, verse un peu de ce liquide coloré. Puis ajoute un peu de vinaigre : la couleur est rose.

Cette couleur rose est le signe que le vinaigre est un acide.

5. Dans un autre verre, verse un peu du liquide de la bouteille. Puis ajoute du bicarbonate : le liquide verdit.

C'est la preuve que le bicarbonate de sodium est une base.

6. Continue de tester les aliments que tu trouves dans ta cuisine (viande, légumes, fruits, etc.) et essaie de savoir si ce sont des acides ou des bases. Fais notamment l'expérience de tester un mélange de vinaigre et de beaucoup de sucre. Tu ne sens pas d'acidité, mais le liquide reste rose : le vinaigre est acide même quand on met du sucre.

L'eau salée met-elle plus longtemps à bouillir que l'eau pure?

Certains livres de cuisine écrivent que l'eau salée met plus de temps à bouillir que l'eau sans sel. Attention : ce qui est écrit n'est pas toujours exact. Tu vas voir qu'on a souvent intérêt à vérifier ce que l'on nous dit.

Matériel :

- Une casserole
- Un verre doseur
- Une plaque électrique
- Une montre qui marque les secondes
- De l'eau
- Du gros sel
- Un thermomètre

Protocole :

1. Commence par préchauffer la plaque chauffante, en la réglant sur une graduation assez forte, pendant dix minutes.

L'expérience consiste à chauffer deux fois de suite une casserole d'eau, la première fois sans sel, et la seconde fois avec sel. Mais il faut chauffer exactement de la même façon. Si tu ne préchauffais pas la plaque, la première mesure se ferait à partir d'une plaque froide, et la seconde à partir d'une plaque chaude.

2. Fais couler de l'eau froide dans une casserole. Puis vide la casserole, et ajoutes-y enfin 25 centilitres d'eau, que tu mesures à l'aide du verre doseur.

On commence ici par faire couler de l'eau froide dans la casserole pour mettre la casserole à la température de l'eau du robinet.

3. Mesure la température de l'eau et note-la.

Michael Faraday était un remarquable chimiste qui vivait il y a envi-

ron deux siècles. Il avait toujours un petit carnet avec lui. Il y notait tout ce qui lui semblait important. Pourquoi n'en aurais-tu pas un, toi aussi ? Il pourrait notamment te servir pour noter tes mesures.

4. Puis pose la casserole sur la plaque chaude, et, en t'aidant de ta montre, note toutes les vingt secondes l'heure (à la seconde près) et la température. Note aussi après combien de temps l'eau se met à bouillir.

Les mesures des températures, en cours de chauffage, sont imprécises, parce que le thermomètre ne réagit pas assez vite. En revanche, la mesure du temps après lequel l'eau bout est précise. Attention: ne confonds pas le frémissement avec l'ébullition. Dans le frémissement, quelques petites bulles arrivent péniblement à se détacher du fond. Mais avec l'ébullition, toute la surface de l'eau est agitée par de grosses bulles.

5. Jette l'eau de la casserole, refais couler de l'eau froide dans la casserole pour la refroidir. Puis mets 25 centilitres d'eau. Mesure la température de l'eau. Note-la.

En faisant couler de l'eau froide dans la casserole, tu la remets à la même température qu'avant la première mesure.

6. Ajoute 200 grammes de sel. Mesure aussitôt la température. Note-la.

Tu verras quelque chose d'étonnant: l'eau refroidit quand tu y mets du sel! Sais-tu pourquoi ? Dans les cristaux de sel, des atomes de chlore et de sodium sont attachés les uns aux autres. Si le sel se dissout dans l'eau, c'est parce que les molécules d'eau, telles des boules de billard, viennent cogner les cristaux de sel, et séparer les atomes de chlore et les atomes de sodium, qui se dispersent ensuite dans l'eau. Pour séparer les atomes de chlore et les atomes de sodium, les molécules d'eau donnent de l'énergie: elles ralentissent. Or la température, c'est la vitesse des molécules. Voilà pourquoi l'eau est plus froide.

7. Pose la casserole sur le feu, et mesure la température toutes les vingt secondes. Note toutes tes mesures, et l'heure à laquelle tu les fais. Note enfin à quelle heure l'eau se met à bouillir.

Tu refais ici pour l'eau salée ce que tu as fait précédemment avec l'eau sans sel. Tu observes d'abord que l'eau salée bout à plus de 100 °C!

Et tu observes aussi que le temps après lequel l'eau salée bout est le même que précédemment. Pas exactement le même: dans certaines expériences, tu verras que l'eau salée met plus de temps à bouillir que l'eau pure; d'autres fois, tu verras qu'elle met moins de temps à bouillir, et d'autres fois encore, le temps est exactement le même. C'est la preuve que les livres ne disent pas toujours la vérité. Michael Faraday vérifiait ainsi ce qu'on lui disait.

8. Si tu es courageux et si tu as le temps, recommence toute l'expérience avec une autre casserole ou avec un autre réglage de la plaque chauffante.

C'est seulement en répétant les expériences que l'on peut être certain des résultats.

La marinade

On dit qu'on fait mariner une viande quand on la met pendant quelques jours dans du vin, avec de l'huile, du vinaigre, des oignons, des carottes, par exemple. Les cuisiniers disent que le liquide de la marinade entre lentement dans la viande et l'attendrit. Mais à quelle vitesse le liquide entre-t-il ? Cette expérience toute simple te permettra de leur donner la réponse.

Matériel :

- Un verre à moutarde
- De l'eau
- Une feuille de gélatine
- Du café en poudre
- Un four à micro-ondes ou une plaque chauffante

Protocole :

1. Dans un verre à moutarde, mets une feuille de gélatine, et remplis le verre d'eau. Puis, après deux minutes, mets le verre au four à micro-ondes le temps de faire bouillir l'eau. Puis sors le verre et laisse-le refroidir pendant une journée.

Ici, je t'indique comment faire une gelée. On commence par faire tremper la gélatine, sans quoi elle fait des fils dont on a du mal à se débarrasser. Puis on fait chauffer l'eau pour que la gélatine fonde. Et quand de l'eau avec de la gélatine refroidit, un gel, encore nommé gelée, se forme. Après une journée, il sera bien pris.

2. Le lendemain, dépose une cuillerée de café en poudre au sommet de la gelée, en un petit tas bien ramassé.

Le café en poudre fera une belle couleur noire, quand il se dissoudra dans l'eau. En déposant le café au sommet du gel, tu vas voir que les molécules de café s'introduisent lentement dans le gel.

3. Six heures plus tard, regarde le verre par le côté. Qu'observes-tu ?

Six heures après le dépôt du café en poudre sur le gel, tu verras que les molécules de café sont descendues dans le gel de quelques millimètres seulement. À ce stade de l'expérience, tu sais déjà que la marinade est une opération très lente. C'est pour cette raison que la marinade des viandes dure souvent plusieurs jours.

4. Vingt-quatre heures plus tard, regarde encore. Qu'observes-tu ?

Après vingt-quatre heures, les molécules sont descendues plus profondément : d'environ un centimètre.

5. Vingt-quatre heures plus tard, regarde encore. Qu'observes-tu ?

Après encore vingt-quatre heures, les molécules de café en poudre sont descendues de presque deux centimètres.

6. Vingt-quatre heures plus tard, regarde encore. Qu'observes-tu ?

Si tu as de la chance, tu pourras observer la formation de bulles, dans la gelée : ces bulles se sont formées parce que des micro-organismes, ce qu'on nommait naguère des microbes, ont été pris dans la gélatine. Ils l'ont consommée et ont libéré du gaz : c'est la bulle que tu vois. Ainsi, même en préparant proprement un gel, tu observes que des microbes sont venus contaminer ta gelée. Si tu avais utilisé de la viande à la place de la gelée, ils auraient contaminé la viande. Voilà sans doute pourquoi les marinades, en cuisine, comportent du vinaigre : le vinaigre ralentit le développement des microbes. Et voilà aussi sans doute pourquoi les marinades comportent de l'huile : l'huile se met à la surface de la marinade, et elle la protège des microbes qui sont partout dans l'air.

Les blancs en neige

Les cuisinières et cuisiniers disent souvent qu'un blanc d'œuf qui a été battu en neige et qui est redescendu ne peut remonter. Est-ce exact ?

Matériel :

- *Une terrine*
- *Un fouet électrique*
- *Deux blancs d'œufs*
- *Une feuille de film plastique alimentaire*

Protocole :

1. Dans une terrine, mets deux blancs d'œuf et bats-les.

Quand on bat des blancs d'œufs, on obtient une mousse : le fouet introduit des bulles d'air dans l'eau des blancs, et ces bulles d'air sont enveloppées par certaines molécules (invisibles à l'œil nu) qui sont dans les blancs. Au bout d'un moment, on obtient une mousse bien blanche : ce sont des blancs en neige. Quand ils sont bien battus, ils sont si fermes qu'on peut poser dessus un œuf entier, dans sa coquille, sans que cet œuf ne s'enfonce.

2. Couvre la terrine avec un film de plastique alimentaire, et laisse reposer les blancs en neige ; regarde-les de temps en temps.

Quand on laisse reposer des blancs en neige pendant assez longtemps, on les voit redescendre : l'eau qui se trouve entre les bulles coule vers le bas, et l'air monte. La mousse se défait en quelques heures selon sa fermeté, la fraîcheur des œufs, la température...

3. Le lendemain, bats à nouveau les blancs en neige. Puis couvre-les, et laisse-les à nouveau reposer pendant une nuit.

Cette fois, tu verras que l'on peut parfaitement faire monter des blancs en neige deux fois de suite.

4. Continues ainsi de battre et de laisser reposer.

Combien de fois parviendras-tu ainsi à monter les mêmes blancs ?

Six conseils pour devenir encore plus malin

Gildas, j'ai oublié de te raconter une histoire formidable, que m'a racontée mon oncle Michel, c'est celle de Michael Faraday.

Faraday était un grand savant, à la fois chimiste et physicien, qui vivait il y a à peu près deux siècles. Il a découvert des tas de trucs. Par exemple, il a compris comment du courant électrique qui passe dans un liquide fait des réactions chimiques rigolotes (essaie de mettre dans un verre d'eau salée deux fils électriques reliés aux deux bornes d'une pile : tu verra des gaz ; ce sont de l'hydrogène, d'un côté, et de l'oxygène, de l'autre). Il a également montré que la foudre ne tue pas les gens quand ils sont dans une cage métallique, par exemple dans un avion ou dans une voiture.

Pourtant, ce bonhomme vient d'une famille très pauvre. Son père était un forgeron anglais qui avait emmené sa famille à Londres, et qui y était mort. La famille était devenue très pauvre : enfant, Faraday n'avait, certaines semaines, qu'un bout de pain à manger. Mais un libraire français l'a recueilli et lui a appris à lire et à écrire, en l'employant à livrer des journaux et des livres. Et c'est comme ça que tout a commencé : Faraday s'est mis à lire tout ce qui lui passait dans les mains, et, un jour, il a lu un bouquin qui s'intitulait *L'amélioration de l'esprit*.

Le livre donnait six conseils :

(1) avoir toujours sur soi un petit carnet afin de prendre sans cesse des notes ;
(2) entretenir une correspondance ;
(3) avoir des collaborations afin d'échanger des idées ;
(4) vérifier tout ce qu'on vous dit ;
(5) éviter les controverses ;
(6) ne pas généraliser hâtivement ; parler et écrire de façon aussi précise que possible.

Comme Faraday n'avait pas son père pour l'aider dans la vie, il a appliqué les six conseils. Et c'est comme ça qu'il est devenu le grand savant que tout le monde admirait. Plus tard, en souvenir de sa jeunesse misérable, il a créé des conférences gratuites pour les orphelins de Londres, dans la semaine qui précède Noël. Pendant ces conférences, il faisait des expériences de chimie et de physique.

Toi aussi tu veux devenir quelqu'un de super? Pense aux six conseils de Faraday.

Glossaire

Amidon : la farine est composée de molécules nommées protéines *(voir ce mot)* et de petits grains d'amidon, eux-mêmes composés de deux sortes de molécules, des molécules d'amylose, et des molécules d'amylopectine. Les grains d'amidon gonflent quand on les met dans de l'eau chaude : les molécules d'eau s'immiscent entre les molécules qui composent les grains.

Atomes : les molécules sont composées d'atomes. Donc les atomes sont généralement plus petits que les molécules *(voir ce mot)*. Il en existe une centaine de sortes différentes : d'hydrogène, de carbone, d'oxygène, d'azote, de soufre, de fer, de cuivre, d'aluminium, de chlore, de sodium...

Blanc en neige : c'est une mousse que l'on obtient en fouettant des blancs d'œufs. Elle tient mieux quand elle est très ferme. Les bulles d'air sont alors très petites, très nombreuses et très serrées.

Bouillir : l'eau bout à la température de cent degrés environ. Quand elle est salée, elle bout à quelques degrés de plus, selon la quantité de sel.

Caramel : c'est si facile d'en faire ! Il suffit de chauffer une casserole où tu as mis du sucre et un peu d'eau. L'eau s'évapore progressivement, puis le sirop brunit, parce que les atomes des molécules du sucre *(voir saccharose)* se réarrangent. La réaction chimique qui a lieu dans la casserole engendre de nouvelles molécules, qui font la couleur, la saveur et l'arôme du caramel. Attention : il est très chaud.

Carbone : les atomes de carbone se lient les uns aux autres, et ils se lient en outre à des atomes d'oxygène, d'hydrogène, d'azote ou de soufre pour faire les molécules des aliments. Parfois les molécules des aliments contiennent également des atomes, de fer, de magnésium, etc. mais en moindre quantité.

Caséine : ces molécules sont des protéines qui tapissent les gouttelettes de matière grasse dans la crème et dans le lait. On les trouve aussi dans le fromage.

Chauffer : chauffer un aliment, c'est accélérer ses molécules. En pratique, quand on chauffe de l'eau dans une poêle, par exemple, on fait passer du courant électrique dans un tortillon de métal qui est sous la plaque, de sorte que ce tortillon chauffe ; ses atomes vibrent de plus en plus fort, de sorte qu'ils bousculent les atomes voisins, ceux de la plaque, qui chauffe à son tour. Les atomes de la plaque, en vibrant, font vibrer les atomes de la casserole, qui chauffe aussi. Et les atomes de la casserole font chauffer les molécules d'eau qui touchent le fond. Les molécules d'eau sont agitées, et l'eau devient chaude.

Chimie : c'est la science amusante... et utile qui examine les transformations des molécules. Tu fais de la chimie chaque fois que tu provoques des modifications de molécules. Tu entendras parfois des gens dire que la chimie pue et pollue : réponds-leur que le brunissement de la croûte du pain ou du steak qui grille, c'est aussi de la chimie. Et ce brunissement ne pollue pas, ne pue pas, au contraire : mioum mioum...

Coagulation : le blanc d'œuf coagule vers 62 degrés. Les molécules de protéine qui sont dans l'eau du blanc se lient en un réseau, où l'eau se trouve piégée. Imagine une araignée qui aurait tissé une toile dans toute une pièce : des mouches seraient piégées entre les fils.

Convection : quand tu mets de l'eau brûlante dans un verre d'eau, puis que tu poses un glaçon sur l'eau, tu vois que l'eau se met à circuler à toute vitesse entre le haut et le bas du verre. En effet, l'eau froide du sommet est plus dense que l'eau chaude : elle tombe au fond tandis que l'eau chaude, moins dense, remonte.

Crème : c'est une émulsion, c'est-à-dire une dispersion de gouttelettes de matière grasse dans de l'eau.

Crème Chantilly : c'est une mousse que l'on prépare à partir de crème liquide ou d'un mélange de crème épaisse et de lait. On fouette afin d'introduire des bulles d'air... et on essaie de s'arrêter de fouetter avant de faire du beurre.

Dissolution : c'est quand on disperse les atomes ou les molécules d'un aliment (ou d'autre chose qui ne se mange pas) dans un liquide, par exemple du sel ou du sucre dans l'eau.

Eau : l'eau que tu bois est composée de myriades de molécules toutes identiques, les molécules d'eau. Chaque molécule d'eau est formée d'un atome d'oxygène et de deux atomes d'hydrogène (imagine trois billes collées ensemble). Dans l'eau liquide, les molécules d'eau sont comme des boules de billard qui se heurtent et qui heurtent sans cesse le récipient qui les contient. C'est pour cette raison que l'eau coule : imagine un grand sac de boules de billards ; on pourrait le verser comme on verse l'eau.

Émulsion : c'est une dispersion de gouttelettes de matière grasse dans de l'eau (comme la sauce mayonnaise, la crème ou le lait), ou bien une dispersion de gouttelettes d'eau dans la matière grasse (comme dans le beurre). Les gouttelettes dispersées sont recouvertes par des molécules qui ont un nom barbare : elles sont "tensioactives".

Fusion : un corps fond quand on le chauffe. Par exemple, de la glace fond aux températures supérieures à zéro degré. Le beurre fond quand tu le chauffes. De même pour le chocolat.

Gel : le blanc d'œuf qui cuit forme un gel, avec un réseau composé par les molécules de protéines, qui piège les molécules d'eau (prends une seconde pour réfléchir à cette étonnante transformation qu'est la cuisson d'un blanc d'œuf : il était liquide, on le chauffe, et il devient solide ; magique, non ?). Il existe d'autres sortes de gel : les gels de gélatine, ou les confitures, par exemple.

Glace : c'est de l'eau qu'on a refroidie à une température inférieure à zéro degré. À cette température, les molécules d'eau ont tant ralenti qu'elles restent les unes à côté des autres, en vibrant.

Glucose : c'est une sorte de sucre qui circule dans le sang des animaux. Il sert de carburant aux cellules du corps.

Huile : les molécules d'huile sont comme des peignes à trois dents. Le manche du peigne, c'est le glycérol, que l'on nomme aussi glycérine. Les dents du peigne sont des molécules nommées acides gras.

Hydrogène : c'est le plus petit des atomes. Quand deux atomes d'hydrogène se lient ensemble, on obtient une molécule d'hydrogène. Ces molécules forment un gaz, à la pression et à la température ambiantes.

Infrarouges : c'est une forme de lumière invisible, émise par tous les objets chauds. Par exemple, si tu as chaud devant un feu, c'est parce que le feu émet des infrarouges. Et c'est parce que tu ne reçois pas d'infrarouges par derrière toi que tu n'as chaud que du côté du feu.

Lait : c'est une émulsion, c'est-à-dire une dispersion de gouttelettes de matière grasse dans l'eau.

Levures : des sortes de petites bestioles qui ne sont faites que d'une seule cellule, contrairement aux plantes ou aux animaux, qui sont composés d'un très très grand nombre de cellules entassées. Les levures sont drôlement utiles, parce qu'elles font lever le pain, en fabriquant un gaz nommé dioxyde de carbone.

Maillard : Louis Camille Maillard était un chimiste né à Nancy. Un sacré chimiste, puisqu'il a expliqué pourquoi la viande grillée avait bon goût !

Mayonnaise : une sauce si facile à faire qu'on se demande bien pourquoi certains craignent de la rater. D'autant qu'on peut facilement rattraper une mayonnaise qui a tourné *(voir les fiches expérimentales)*.

Micro-ondes : les micro-ondes sont comme de la lumière invisible ; elles peuvent traverser les aliments et elles sont absorbées par l'eau. En chauffant l'eau des aliments, elles chauffent les aliments.

Microscope : il permet d'explorer un monde dont nous n'avons pas l'habitude. Tu n'en as pas ? Fais t'en prêter un, ou demandes-en un au père Noël.

Molécules : des trucs très petits et très nombreux dans les aliments. Par exemple, dans un verre d'eau, il y en a des millions de milliards de milliards. Comme on ne les voit pas, il faut les imaginer.

Mousse : on obtient une mousse quand on introduit des bulles d'air dans un liquide ou dans un solide. Par exemple, les meringues ou les blancs d'œufs battus en neige sont des mousses.

Oxygène : avec deux atomes d'oxygène, on fait une molécule d'oxygène, comme il y en a dans l'air que nous respirons. Il y a des atomes d'oxygène dans beaucoup de molécules des aliments.

Pâte : pour faire une pâte à tarte, il suffit de travailler du bout des doigts de la farine, une pincée de sel, du beurre (à peu près deux fois moins de beurre que de farine) et un peu d'eau. Puis on cuit environ vingt minutes à 200 degrés.

Physique : une science amusante... et utile. Si tu vois mieux avec des lunettes, c'est que des physiciens ont découvert les lois de l'optique : ils savent calculer comment le verre des lunettes dévie la lumière et comment on peut corriger ta vue. Si tu t'éclaires avec des ampoules électriques, au lieu d'utiliser des bougies comme au Moyen Âge, c'est que des physiciens ont maîtrisé l'électricité. Et pour comprendre comment de l'huile fouettée avec un jaune d'œuf fait une mayonnaise, il faut aussi de la physique.

Plaques électriques : je suis certain que tu sais ce que c'est et que tu n'as pas besoin de conseil pour les utiliser... mais évite quand même de te brûler.

Protéines : les protéines sont des molécules analogues à des colliers de perles repliés sur eux-mêmes. Les perles se nomment des acides aminés.

Réaction chimique : chaque fois que des molécules nouvelles se forment, parce que les atomes se réarrangent, c'est de la chimie. Les réarrangements sont nommés des réactions chimiques. Par exemple, si tu vois un sirop brunir, dans une casserole que tu chauffes, c'est parce qu'il y a des réactions chimiques de caramélisation.

Roux : pour faire une sauce béchamel qui n'ait pas le goût fade de farine crue, il faut cuire la farine. Par exemple, en faisant un roux : dans une casserole, chauffe doucement du beurre et de la farine jusqu'à ce que tu obtiennes une pâte brun clair.

Saccharose : c'est le sucre de table, celui qui forme ces cristaux blancs que tu as l'habitude de voir.

Saveur : certaines molécules se lient à des molécules présentes dans les papilles, dans la bouche, de sorte que ces papilles signalent au cerveau qu'elles ont détecté quelque chose. C'est ainsi que nous percevons des saveurs. On disait naguère qu'il existait quatre saveurs : salé (comme le sel), sucré (comme le sucre), acide (comme le jus de citron), amer (comme le pamplemousse ou la bière), mais goûte du réglisse, et tu verras qu'il n'est ni salé, ni sucré, ni amer, ni acide. Alors, qu'est-il ? Il donne la saveur réglisse. En fait, il existe probablement une infinité de saveurs, mais nous n'avons pas assez de mots pour les nommer.

Sel : le nom chimique du sel est chlorure de sodium. Les cristaux de sel sont composés par un empilement d'atomes de chlore et d'atomes de sodium, dans toutes les directions : imagine que l'on fait un gros tas régulier de cubes avec des cubes bleus et des cubes blancs, en alternant un cube blanc, un cube bleu, un cube bleu, un cube blanc, etc. Quand on met du sel dans l'eau, les molécules d'eau tapent dans le tas d'atomes et les dispersent : imagine que des boules de bowling tapent dans le tas de cubes.

Sirop : là encore, ce n'est pas difficile à fabriquer. Dans une casserole, on chauffe de l'eau avec du sucre.

Température : un nombre qui mesure si quelque chose est chaud ou froid. On la mesure souvent avec thermomètre, mais les appareils nommés thermocouples sont bien plus précis.

Vapeur : c'est de l'eau qu'on a chauffée à plus de cent degrés. Les molécules sont devenues si rapides qu'elles se sont échappées de la casserole.

Viande : quand tu cuisines de la viande, n'oublie pas que la tendreté dépend de la quantité de jus. Si tu chauffes un steak au point d'évaporer toute son eau (son jus), tu n'auras qu'une mauvaise semelle ! Beuh !

Vinaigre : c'est un liquide acide. Il se forme quand on laisse du vin à l'air libre, car des micro-organismes se déposent à sa surface et transforment l'alcool du vin en un acide nommé acide acétique.

Achevé d'imprimer en France par Pollina, 85400 Luçon - n° 74297
N° d'édition : 2309-01 — Dépôt légal : mars 1998